L. BUIRETTE

99 MOUTONS

ET

Champenois...

COMÉDIE FANTAISISTE

BRODÉE DE COUPLETS

EN UN ACTE

MUSIQUE NOUVELLE		PRÉFACE
DE		DE
H. BERINDOAGUE		G. COUTANT

PRIX : 2 FRANCS

CHALONS-SUR-MARNE

IMPRIMERIE TYPOGRAPHIE-LITHOGRAPHIE DE L'UNION RÉPUBLICAINE, RUE D'ORFEUIL, 27

1898

Tous droits réservés

99 MOUTONS

ET 1 CHAMPENOIS

L. BUIRETTE

99 MOUTONS

ET

1 Champenois...

COMÉDIE FANTAISISTE

BRODÉE DE COUPLETS

EN UN ACTE

MUSIQUE NOUVELLE		PRÉFACE
DE		DE
H. BERINDOAGUE		G. COUTANT

CHALONS-SUR-MARNE

IMPRIMERIE TYPOGRAPHIE-LITHOGRAPHIE DE L'UNION RÉPUBLICAINE, RUE D'ORFEUIL, 27

1898

Tous droits réservés

En dépit de la Gascogne,

À notre Léon Bourgeois,

Sans pudeur et sans vergogne,

J'adresse mon Champenois.

L. BUIRETTE.

L'ESPRIT CHAMPENOIS

A mon cher ami Léon BUIRETTE.

Toute préface étant le vestibule où l'on s'ennuie, il est sage de n'y point retarder le lecteur.

Celle-ci sera courte, je crois — à moins qu'on ne la trouve trop longue. En ce cas il en faudrait reporter la faute à l'Esprit champenois lui-même, si ondoyant et divers, de si belle histoire et de si bonne humeur, qu'ayant grande envie d'en parler je me complairai sans doute en son aimable compagnie.

Et tout de suite je veux rompre avec l'habitude chère aux préfaciers de toutes marques : je ne parlerai point de la pièce. J'imagine, mon cher ami que si tu avais voulu expliquer ton œuvre, tu aurais pris soin de le faire toi-même en un gai prologue, tel l'auteur de *Lysistrata*.

Voilà donc une œuvre champenoise, œuvre légère sans doute et que tu fis en jouant, mais œuvre d'esprit quand même ! Elle m'invite à jeter les yeux en arrière, très loin, vers nos joyeux écrivains du moyen âge. Des critiques plus autorisés ont apprécié de toutes manières l'esprit champenois : je n'ai qu'une excuse à cette étude rapide, c'est d'être Champenois moi-même.

L'Esprit champenois est avant tout un esprit amuseur et satyrique, et c'est en cela qu'il est vraiment français. Nos pères, il y a quelques centaines d'années, avaient autant d'occupations qu'aujourd'hui, mais ils trouvaient le moyen de s'amuser malgré l'ouvrage et d'amuser les autres.

Notre chère province n'était pas riche ; un vieux dicton prétendait même qu'aux environs de Vitry, un arpent de terre, quand il s'y trouvait un lièvre, valait juste deux francs Mais de cette terre ingrate où les charrues faisaient voler la blanche poussière des sillons crayeux, montait comme un grand souffle d'esprit joyeux et moqueur, esprit indépendant et frondeur qu'aucune autorité ne pouvait contraindre, esprit avisé et prudent qui se taisait devant la violence pour chanter ensuite de plus belle, esprit de douceur et de charité, hospitalier aux pauvres et n'ayant de joie qu'à s'attaquer aux grands. L'esprit est la consolation des malheureux et c'est leur force ; il ne doit pas y avoir, pour un esclave intelligent, de meilleure joie, de meilleure victoire aussi, que de pouvoir juger son maître et rire des fautes que lui l'esclave n'aurait pas commises.

Où sont les neiges d'Antan ?

Oui..... mais où sont *Thibaut de Champagne* l'élégiaque, et *Rutebeuf* le satyrique, et *Coquillart* l'amusant, et *Colin Muset* le trouvère, et *Guyot de Provins* le bon chanoine ?....

Thibault de Champagne, le chansonnier, Thibault l'aimable et compatissant et tolérant en un siècle où l'on s'égorgeait pour de sottes querelles de religion. Il chante au milieu de ces temps troublés d'une voix si légère et folle qu'à lire aujourd'hui ses chansons on croirait vivre en un siècle où la paix bénie inclinait les hommes vers les douces joies, l'amour, les études délicates et les charitables pensées. Et pourtant écoutez : « Dans ces temps pleins de félonie, d'envie et de trahison, où je vois excommunier ceux qui montrent le plus de raison, je veux faire une chanson.

> Au tans plein de félonie,
> D'envie et de trahison,
> Que je vois escumenier
> Ceux qui plus offrent raison,
> Lors vueil dire une chançon !...

Oui une simple chanson où il sera question de tout et de rien, des pauvres qui souffrent, et de son amour fervent pour la reine Blanche.

Il est de ces amants qui souvent imaginent leur maîtresse, et, l'image en étant une fois conçue, se plaisent à l'embellir des charmes qu'ils empruntent à leur rêve ; amants faibles et doux, plus bavards qu'entreprenants, heureux de peu et que trop effaroucherait. C'est lui *le bon cuens Thibault* qui dans un *jeu parti* avoue qu'il « aime mieux voir sa maîtresse sans la posséder que la posséder sans la voir ». Il aimait et librement, suivant en celà le conseil de son aïeule. La comtesse de Champagne avait en effet parmi les cours d'amour une voix autorisée et comme on lui demandait un jour : « L'amour peut-il exister entre époux ? » elle répondit : « Nous disons et nous assurons par la teneur des présentes que l'amour ne saurait étendre ses droits sur deux personnes mariées », jugement sans appel et sans regrets que devraient sagement méditer bien des couples qui s'étonnent de ne plus être des amants après dix ans de mariage.

Il n'y avait pas, comme on le voit, que les Seigneurs d'Aquitaine ou de Provence qui savaient disserter sur l'amour, la Champagne ne s'en désintéressait point, et jetait, au milieu de ces fantaisistes paradoxes, une note douce, harmonieuse, parfois aussi dédaigneuse et sans émotion comme l'avis de la Comtesse.

Mais c'est ailleurs, c'est dans le peuple surtout qu'il faut chercher les traces de l'Esprit champenois.

Les Comtes puissants et riches comme Thibault ne souffrent guère que des souffrances d'amour ; ils ont le cœur trop léger et joyeux pour railler.

Voici *Rutebœuf !* Celui-là est bien du peuple, et de ce peuple qui n'a point d'écus en poche. Rutebœuf eut plus d'un malheur : il épousa une femme que ne recommandait point sa beauté et qui, dit-il, était déjà *entreprise.* D'autres ne s'en seraient point vantés : il éprouve le besoin de nous le dire en vers :

> Telle fame ai prise
> Que nul fors moi n'aime ne prise,
> Elle estoit povre et entreprise
> Quand je la pris.

De sa misère il se plaint, amèrement parfois quand elle est trop cuisante, mais doucement presque toujours et c'est pitié que de voir ce pauvre diable déplorer son infortune en des vers aussi touchants et coquets :

> Issi sui com l'osière franche
> Ou com li oisiaus sur la branche
> En esté chante.

> En yver plor et me lamente
> Et me défeuille aussi comme l'ente
> Au premier giel.

Mais s'il ne trouve que des mots humbles et résignés pour peindre son malheur, il élève vite la voix et accentue cruellement le rire quand il parle des *nobles* et du *clergé*. C'est la revanche des faibles de médire des grands, revanche humaine et très loyale, quand au lieu d'user de leur autorité pour le soulagement des infortunes, les heureux s'amusent à semer le malheur à pleines mains. Fainéantise des *Nobles* qui s'endorment en une oisive et grave indifférence parmi les plaisirs de l'amour et de la table, et ne s'éveillent que pour batailler sans raison! Insouciance du *Clergé* qui, oublieux de toute justice, laisse les partis s'entrebattre en de sanglantes mêlées, et parfois même, suprême forfait, encourage les esprits par des discours insensés.

Rutebœuf songe aux Croisades, au grandes luttes où les courages trouvaient emploi, et voyant dans quelle paresse s'endorment les fils des Croisés, il s'écrie:

> Les chevaux ont mal aux échines,
> Et les gentilshommes en leurs poitrines !

Pauvre poète sans pain, il envie les abbés dont l'heureuse oisiveté enlumine les visages, et les mille désœuvrés qui, n'ayant point de cœur à gagner leur vie, s'entassent dans les couvents.

Mais s'il lui vient quelque jalousie à voir tous ces heureux, il se console vite à la pensée qu'il a de tous les biens le meilleur, la liberté. Il n'a garde de s'en défaire pour entrer en quelque confrérie, et songeant aux *béguines* dont les pieux bavardages commencent au lever de l'aurore, il s'indigne de les voir ainsi gaspiller leur temps en des occupations que le monde juge graves et sévères :

> Sa parole est prophécie,
> S'ele rit, c'est compaignie,
> S'el' pleure, dévocion,   .
> S'ele dort elle est ravie,
> S'el' songe c'est vision,
> S'ele ment n'en créciz mie.

Et ce n'est point un incrédule, et ce bon diable qui raille à tout propos les serviteurs de Dieu, tient l'Eglise en haute déférence ; c'est même la cause de l'Eglise qu'il croit défendre contre ceux qui la servent mal.

A ce railleur infatigable qui rarement profita de ses railleries et qui vivait d'expédients, il convient d'opposer *Colin Muset*. Colin Muset ! Est-ce que ce nom n'éveille pas en vous l'idée d'un ménestrel délicat et champêtre. Colin Muset! Cela chante comme un fifre et soupire telle une cornemuse! Il ne semble pas que, portant ce nom, un chansonnier puisse être malheureux. Et c'est vrai, il ne fut point sur terre de plus heureux trouvère.

Il s'en va gaiement de château en chaumière. Sa bourse est vide, mais qu'importe! Elle est mieux ainsi, puisqu'elle s'emplit à toute porte. Il est de ces gens heureux, dont les paroles douces et gaies sans éclat, invitent à la charité.

Heureux Colin Muset qui se félicitait ainsi :

> On m'appelle Colin Muset :
> J'ai mangé maint bon chaponet !

Pas malheureux non plus, et pourtant toujours mécontent, ce bon moine qui eut nom *Guyot de Provins* ; moine qui passa le meilleur de sa vie à dire du mal des moines, et dont *La Bible* est restée la satyre la plus complète de la religion de son temps. Tous les ordres y défilent ; aucun ne trouve grâce à ses yeux, si ce n'est peut-être celui des Templiers dont il aime les bonnes chères.

Et voici encore un chanoine qui ne fut pas que chanoine, mais avocat et magistrat municipal : *Guillaume*

Coquillart nom facétieux et goguenard qu'il porte à merveille.

De Reims où il est né, le rimeur s'en va chercher fortune à Paris, et n'ayant trouvé rien qui vaille, il chante tout ce qui lui vient à l'esprit. D'humeur paisible, il n'aime point qu'on bataille autour de lui, et dans son *Monologue du gendarme cassé*, il ridiculise les mœurs de cette bande que le roi Louis XI avait envoyée à Reims sous la conduite de Pierre Cochinard pour régler un différend entre l'évêché et la bourgeoisie.

Où sont-ils, tous ces bons chansonniers, ces bons amis du rire, pauvres de bourses, mais riches d'esprit et de verve ? Où sont-ils tous ces bons champenois ?

Où sont les neiges d'antan ?

Oui mais..... les vignes ont recouvert les côteaux qui se dorent de grappes malgré les fléaux subtils qui s'acharnent, les champs appauvris ont réclamé des engrais, l'Amérique, bienfait de Christophe, a déversé sur nous ses avalanches de blés, et la politique enfin, l'inévitable politique a enfiévré les cœurs, — en sorte qu'après avoir bien travaillé, bien raisonné et s'être bien plaint que les affaires ne marchent pas, on ne trouve plus le temps de rire et d'exercer cette verve railleuse et maligne qui est le propre de l'esprit champenois, de l'esprit français.

Sans doute il est encore sur bien des lèvres, l'Esprit champenois, et plus d'un paysan malin en fleurit les entretiens où sont passés en revue les faits quotidiens ; mais c'est l'esprit qui vole deci delà et ne se pose point en quelque œuvre aimable et qui reste.

Esprit vraiment de race, il s'affirme sur les marchés où d'un mot aigu, cruel parfois, spirituel toujours, le paysan champenois raille ses concurrents ; esprit modeste mais sûr qui se fait tout petit en face d'un étranger et soudain éclate en une victorieuse réplique.

Il y a là comme une moisson mouvante que personne ne moissonne.

Qui donc glanera les plus beaux épis pour en former la gerbe éblouissante ?

Mais ceci n'est qu'un vœu.

Tu vas être joué à Reims, et j'en suis fort aise, Reims étant la ville champenoise entre toutes. J'ai souvenance de ces vers où La Fontaine, un champenois aimable et doux celui-là, vantait les charmes de la ville qu'habitait son ami, le chanoine Maucroix :

Il n'est cité que je préfère à Rheims :
C'est l'ornement et l'honneur de la France,
Car sans compter l'ampoule et les bons vins,
Charmants objets y sont en abondance.
Par ce point là je n'entends quant à moi
Tours ni portaux, mais gentilles Galoises,
Ayant trouvé telle de nos Rémoises
Friande assez pour la bouche d'un roi.

Fassent les Dieux protecteurs des *premières*, que ces *gentilles Galoises* applaudissent à ton œuvre de leurs doigts fins et délicats de spirituelles champenoises !

Gaston COUTANT.

99 MOUTONS ET 1 CHAMPENOIS

COMÉDIE FANTAISISTE, BRODÉE DE COUPLETS

EN UN ACTE

Représentée pour la première fois

EN NOVEMBRE 1898

AU GRAND THÉATRE DE REIMS

———

DIRECTION : A. DELÉTRAZ

NICOLAS GUY DE LA PLANCHETTE	MM. GAMY.
BOUZY...........................	JOUANNE.
DUCHENET	NEUILLET.
JEAN	GERBEAU.
DUBEC........	F. COULON.
BARBFLASK	GHELEYNS.
CÉLESTE BOUZY.........................	Mlle LEFERCY.

MM. Nicolas Guy de la Planchette.

Bouzy, *Propriétaire du Cabaret artistique « Au Mouton qui siffle »*.

Alphonse Duchenet, *Poète chansonnier*.

Jean, *Garçon de café*.

Dubec,
Barbflask, } *Chansonniers*.

Chansonniers et Consommateurs.

Mlle Céleste Bouzy.

LA SCÈNE REPRÉSENTE UN CABARET A MONTMARTRE

Les murs sont décorés de peintures vagues, émaillés, ça et là, de dessins épinglés, et placardés d'affiches criardes.

Premier plan, à droite et à gauche, tables en bois escortées d'escabeaux en même métal, style Henri II.

Au deuxième plan, à droite, une fenêtre. A gauche, une porte surmontée d'une tablette sur laquelle reposent les objets les plus hétéroclites : Un portrait de Félix Ier, un vieux chandelier, un buste de Sarah Bernardt, deux brocs à bière, une mandoline veuve de ses cordes, deux Bacchus flamands en faïence enluminée, etc. etc., le tout couronné par une bassinoire.

Au fond, le comptoir surchargé de verres et de bouteilles polichromes — à droite — seconde porte encadrée par des affiches des concerts et des cabarets de la Butte (L'Ane Rouge, Trianon, Les Décadents, Le Champ de Foire, La Roulotte, Le Tréteau de Tabarin, etc., Sur la porte est peinte une palette que traverse, en guise de pinceaux, une pipe en terre blanche.

Au-dessus du comptoir se profile sur le mur une tête de mouton adornée de cette enseigne :

« AU MOUTON QUI SIFFLE »

SCÈNE I

NICOLAS GUY DE LA PLANCHETTE

*(Il entre par la porte de droite, puis il ressort. Non ! —
Derechef il disparaît, puis rentre à nouveau).* Cependant !
Je ne me trompe pas ! *Au Mouton qui siffle !* C'est là. *(Un
large rire fleurit sur ses lèvres).* C'est là le grand établis-
sement de mon oncle Bouzy. Le célèbre cabaret où se
rendent toutes les élégances parisiennes, et l'élite des
intellectuels ! Eh bien, je serais passé cent fois devant la
porte sans me douter de son existence. *(Jetant un coup
d'œil circulaire).* Singuliers décors ! Et moi, qui m'étais
figuré le *Mouton qui siffle* — rendez-vous de toutes les
élégances, etc., — un véritable bijou de luxe et de bon
goût ; je me suis plutôt trompé... Personne ! On entre ici
ma foi, comme dans une mairie.... *(tirant sa montre)*
voyons, quatre heures ! Je suis exact, mon oncle m'a
bien donné rendez-vous à quatre heures *(dépliant une
lettre puis la lisant)* « Mon cher Nicolas, je viens t'appeler
auprès de moi, pour te présenter à ma fille Céleste, selon
le vœu de sa défunte mère qui est à marier... » — Comment sa défunte mère qui est à marier ?... eh non, sa
fille — « Fidèle à la foi jurée, je m'efforcerai de faire
aboutir une union que je désire ». Ah ! brave oncle ! « sans,
toutefois, forcer en rien ma fille Céleste qui sera libre de

son choix. Ne manque donc pas de te trouver jeudi, à quatre heures, au *Mouton qui siffle* » rendez-vous de toutes les élégances et de l'élite des intellectuels, roulez la caisse — « car le soir même, ma fille fera son choix parmi les prétendants. » A quatre heures ! J'y suis.

Celui qui m'aurait dit il y a trois jours, que je viendrais aujourd'hui à Paris, et qui plus est, pour me marier, eût été traité par moi de fallacieux veau hyperoramique ; et cependant, il aurait eu raison. Je viens pour me marier. Grave événement Nicolas, te voici sur le seuil de la vie conjugale — on est prié de s'essuyer les pieds avant d'entrer — et pour jamais maintenant :

Adieu les plaisirs,
Les folles ivresses ;
Adieu ma Jeunesse
Tout ça va finir.

C'est vrai, tout cela va finir ; et je ne suis pas ému. Cependant si ; je sens là *(cherchant son cœur)* quelque chose... comme si je n'avais pas bien digéré mon déjeuner... Oui, cette pesanteur sur l'estomac, ce cercle qui enserre ma tête, cet engourdissement dans les reins, ce fourmillement dans les pieds, plus de doute.... c'est l'amour. J'aime ma cousine. je ne l'ai jamais vue, mais cela ne fait rien, je sens que je l'aime... Ah! si elle allait me refuser ! *(terrible)* si elle me refuse... *(calme)* Je reprends le train pour Suippes.

Est-elle blonde, est-elle brune
Est-ell' joli' ne l'est elle pas
Je sais qu'elle a de la fortune
Oui, mais a-t-elle des appats *(ter)*
　　Tic, tac, tic,
Mon cœur tressaille d'aise
　　Tic, tac, tic,
Serai-je son époux
　　Tic, tac, tic,
Pourvu que j' lui plaise
　　Tic, tac, tic,
Moment terrible et doux.

Est-elle douce, est-elle bonne
Est-elle rieus' ? Grincheuse ? Oh non !
J'aimerai bien une luronne
Au caractère sans façon *(ter)*.

(Au Refrain).

Avec tout cela personne ! Quel cabaret bizarre où l'on n'attend pas les clients. Hum ! Hum ! Pas un chat, pour vous répondre, comme c'est agréable… Ah ça ! mais je m'ennuie, que pourrai-je bien faire en attendant… *(il aperçoit un jeu de cartes)*. Tiens, un jeu de cartes, ma foi je m'en vais faire une réussite pour savoir si je serai : le vainqueur du combat dont Céleste est le prix. *(Il range les cartes)*. Est-ce bête un homme — l'as de carreau — Je suis libre et je m'en vais chercher — *(tirant les cartes)* la dame de pique sur le roi de cœur — et je m'en vais chercher une chaine — et le valet de carreau pardessus. — Car il ne faut pas s'y tromper, le mariage — ça ne va pas — le mariage c'est la négation absolue de toute liberté. Ainsi, supposez que je tombe sur — la dame de cœur qui ne sort pas — sur une femme qui m'aime sincèrement.

SCENE II

JEAN, NICOLAS

JEAN *(entrant un plateau à la main)*

Tiens, quelqu'un.

NICOLAS *(suivant son raisonnement)*

Je serai forcément rivé à son amitié par — le roi de trèfle — par reconnaissance.

JEAN *(reluquant Nicolas)*

Je ne connais pas cette tournure. Sans doute quelque nouveau chansonnier, — encore un tapeur, méfions-nous. —

NICOLAS *(poursuivant son raisonnement
à bâtons rompus)*

Et si elle ne m'aime pas — zut, pas de rouges — et si elle ne m'aime pas, alors c'est... c'est à recommencer, il ne me manquait plus que deux cartes. — Si elle ne m'aime pas — c'est dégoûtant, j'croyais bien l'avoir finie — Si elle... (*cherchant à rattrapper le fil de son discours*) si elle... si elle... ah ça ! que disais-je donc ? (*se ravisant*) ah oui ! si elle ne (*il frappe du poing sur la table*).

JEAN (*qui s'est retourné au choc*)

Boùoùm !! (*le plateau qu'il tenait lui tombe des mains*).

NICOLAS (*à part*)

D'où sort-il, celui-là ?

JEAN (*reluquant à part*)

Quelle touche !

NICOLAS (*même jeu*)

Enfin c'est le garçon (*haut*) garçon ?

JEAN

M'sieu.

NICOLAS

Mon oncle est-il là ?

JEAN (*ahuri*)

Votre oncle ? Qui çà votre oncle ? Est-ce que je le connais, moi, votre oncle ; je ne suis pas le Bottin des oncles !

NICOLAS

C'est juste ; je ne me suis pas présenté. (*s'annonçant*) Nicolas Guy de la Planchette.

JEAN (*s'inclinant*)

Monseigneur ! (*à part*) Qu'est-ce que cela ?

NICOLAS

Eh bien !

JEAN (*même jeu*)

Mon prince ! (*à part*) il est rien mal fringué pour un Guy de… de…

NICOLAS

Dis donc, vas-tu comprendre à la fin, qu'est-ce que cet ébaubi ? Quand je te dis que je m'appelle Nicolas Guy de la Planchette.

JEAN (*à part*)

Déja nommé. C'est un maniaque (*haut*). Eh bien ?

NICOLAS

Ecoute-moi et comprends. Je m'appelle...

JEAN (*continuant*)

Nicolas, Guy, de la Planchotte, c'est entendu.

NICOLAS

Salue ! (*Jean s'incline avec toutes les marques d'un irrévérencieux respect*) Si je te demande où se trouve mon oncle, si je viens le chercher ici, c'est qu'apparemment, il ne remplace pas le concierge de l'obélisque, pas plus que le génie de la Bastille, ni le chef de musique de la colonne Vendôme et encore moins l'introducteur des ambassadeurs à l'Arc de Triomphe ; mon oncle s'appelle Bouzy.

JEAN (*éclairé*)

Ah ! le patron.

NICOLAS

Oui, le patron.

JEAN (*illuminé*)

Mais alors, si Monsieur Bouzy est votre oncle, vous êtes le neveu !

NICOLAS

Il y a des chances.

JEAN

C'est à Monsieur que Monsieur a écrit pour lui dire de
venir voir Monsieur, afin de présenter à Monsieur la fille
de Monsieur.

NICOLAS

On le dit.

JEAN (*comtemple un instant Nicolas puis le rire
un instant contenu sur ses lèvres éclate par la bouche
et les yeux*)

Ah ah ah... Monsieur vient pour... (*il pouffe*) ah laissez moi rire.

NICOLAS

Qu'y a-t-il ?

JEAN (*même jeu*)

Non, c'est trop drôle, j'étouffe... C'est Monsieur qui
veut épouser Mademoisellle Céleste ! (*grave*) notre déesse
dont l'âme heptamorphique se resorbe en un concept
amorphe de l'amour esthétique !!

NICOLAS

C'est un échappé d'Ostende !

JEAN

C'est ce monsieur si distingué,
Gué gué larigue don gué
Et si parfaitement fringué,
Gué gué larigue don gué
Qui sans s'épater vient ici
Pour épouser Mamzell' Bouzy.

Ah ! ah ! ah ! ah ! Laissez-moi rire,
Oh ! oh ! oh ! oh ! mon Dieu. J'expire.
Monsieur, Monsieur en vérité,
Je vais mourir d'hilarité.
Gué gué larigue don gué.

Mamzell' Céleste mon garçon
Don don larigue don don
Moi je vous le dis sans façon,
Don don larigue don don
N'est pas faite pour votre blair
Et vous pouvez jouer fill' de l'air

Ah ! ah ! ah ! ah ! Laissez-moi, etc...

NICOLAS (*à part*)

Quelle idée singulière de prendre un fou comme garçon de café ; après tout, ces Parisiens sont si drôles, c'est peut-être une attraction Montmartroise. (*Haut*) Enfin que veux-tu dire ?

JEAN

Mais, que Monsieur peut se fouiller quant à Mademoiselle Céleste.

NICOLAS

Comment se fouiller ?

JEAN (*familier*)

Il y a-t-il une glace chez vous ?

NICOLAS (*exaspéré*)

Oh ! Oh ! Oh ! Décidément ce type-là est timbré !

JEAN (*goguenard*)

Monsieur aurait pu s'accorder un coup d'œil et s'amuser
de la confection de ses vêtements.

NICOLAS

Eh bien, quel rapport cela a-t-il ?

JEAN (*paternel*)

Je porte de l'intérêt à Monsieur, parce que j'aime la
famille du patron... (*s'assombrissant*) moi je n'ai pas de
famille (*pleurant d'un œil*), orphelin à l'âge de trente ans,
je....

NICOLAS

Non, non, c'est épouvantable, passons à la suite.

JEAN

Eh bien, Monsieur, Mademoiselle Céleste n'aime que les gens chics, les intellectuels, comprenez-vous les in tel lec tu els.

NICOLAS

Certes.

JEAN

Ceux qui disent de ces belles choses qui font rêver les femmes, enfin les gens qui ont de l'esprit.

NICOLAS (*se rengorgeant*)

Mais il...

JEAN

Je ne dis pas que Monsieur n'en ait pas (*emphatique*) Un Nicolas Guy de la Planchette.

NICOLAS

Salue !

3

JEAN (*s'inclinant*)

Mais Monsieur manque un peu de dehors.

NICOLAS (*tenant, bien en évidence, entre les extrémités
de ses doigts, une pièce de cinq francs*)

Ne t'inquiète pas de cela, mon garçon ; tiens, voici pour
tes bons renseignements, et va prévenir mon oncle.

JEAN (*contemplant la pièce dans sa main*)

Cent sous !... Monsieur n'est pas Champenois !

NICOLAS

Si fait.

JEAN

C'est étonnant, enfin, il y a des exceptions... (*s'en
allant*) Moi je l'gobe ce client-là (*revenant*) M'sieu !

NICOLAS

Qu'est-ce encore.

JEAN

Je vous dirai quelque chose tout à l'heure.

NICOLAS

Dis tout de suite.

JEAN

Non tout à l'heure, moi je l'gobe ce client-là (*exit*).

SCÈNE III

NICOLAS

Cet ineffable dément m'a légèrement déconcerté avec ce qu'il m'a dit de ma cousine! Elle aime les gens d'esprit! (*Rêveur*) de l'esprit! Mais je dois en avoir. Quant aux habits, cela s'achète, enfin l'amour fait bien des choses et je suis décidé à tout, à tout, à tout.

SCÈNE IV

BOUZY, NICOLAS

BOUZY (*dans l'entrebaillement de la porte*).

Pique !

(*Vieil air Champenois*).

Bonjour mon cousi,
Y a-t-il longtemps qu' t'es à Paris

NICOLAS (*continuant l'air*).

J'y suis d'puis midi
Par l' train express de neuf heur's six

BOUZY

Entre donc que j' te baille un' goutt

NICOLAS

Merci, j'aim'rai mieux du vermouth ;

(*Parlé*) Je n'ai pas déjeuné.

BOUZY et NICOLAS (*ensemble*).

Ah ah ! ce brave Nicolas !
Ah ah ! ce cher oncle !

BOUZY

Sais-tu que cela me fait plaisir de te voir ! Quel bel
homme ! Mais que tu es changé depuis ton baptême !

NICOLAS

Vous trouvez !

BOUZY

Mais oui ! tu es un peu....

NICOLAS

Grandi ?

BOUZY

Farceur ! — (*Regardant Nicolas*) Mon neveu ! Ah ! Il y a des moments bien doux dans la vie d'un oncle ! Et je suis si heureux de serrer la main à un compatriote, à un pays. Tu sais, je suis toujours champenois, dans le sang, dans l'âme ! (*Dramatique*) Moi, je ressemble à Chauvin ! mon pays avant tout... Allons, vite, quoi de nouveau ! Suippes toujours à sa place ?

NICOLAS

Mon Dieu, oui.

BOUZY

On vit toujours sa petite vie, va comme je te pousse, on parcoure son petit bonhomme de chemin, chemin mono-tone comme nos routes crayeuses ; hein ? Je vois cela d'ici ! dis-moi un peu ce que tu fais là-bas ; maigres les distractions ?

NICOLAS

Très maigres, pour cela, c'est toujours carême.

BOUZY

Mais il y a la chasse ! Ah ! la chasse dans nos grandes plaines ensoleillées ! Parlez moi de cela ; *(terrible)* Moi, je ressemble à Bonbonnel, pan ! pan ! les coups de fusil, la poudre, c'est parfait. Malheureusement à Paris, je ne puis m'offrir ce plaisir.... Il n'y a guère que les égouts, mais c'est loué très cher. Tandis que chez nous, à la bonne heure, vivent les plaisirs champêtres. Qu'en dis-tu.

NICOLAS

Mon cher oncle, chez nous, la chasse
Est notre unique passion,
On s'y délecte, on s'y délasse,
C'est notre meilleur' distraction,
Aussi le jour de l'ouverture
Voit-on partir de bon matin,
A pied, à cheval, en voiture,
Des chasseurs sur chaque chemin.
   Chasseurs grands et petits,
   Petits et grands fusils,
Toutous à poils courts ou poils ras,
Enorm's ou gros comme des rats,
   Ferrailleurs distingués,
   Vaillants ou fatigués,
   Hypocondre ou loustic
Part'nt pour peupler les riv's du Styx.
   Et tous en chœur
De fort joyeuse humeur
De la joie plein le cœur
   Ils vont, en liesse ;

Sondant les trous
Fouillant les tas d'cailloux
Les navets et les choux
    Pour fair' prouesse.

Mais la fête s'rait incomplète,
Si l'on ne saucissonnait pas ;
.Aussi vers midi l'on s'apprête
Et l'on s' dispos' pour le repas ;
    Lors aux quatr' coins du territoire,
    Pendant que s' repos' le gibier
On rit on mange, non sans boire,
Pour se rafraîchir le gosier.
    Là, le pauvre chasseur,
    Comm' votre serviteur,
Se rattrape des coups manqués
En vidant force gobelets,
    Tant que le jour baissant,
    On s'en r'vient zizaguant.
    Dam' c'est très fatiguant
D' porter son gibier... et l' vin blanc.
    Lors, les lapins
Les lièvres dans les thyms
R'gardent passer, malins,
    Emmi les p'louses :
    Nos bons chasseurs
Aux vaillantes ardeurs
Qui rentrent près de leurs
    Tendres épouses.

(Pendant le dernier refrain Jean est entré, toujours avec un plateau dans les mains, il emboîte le pas à Nicolas et à Bouzy, cependant que, déambulant par la scène, ils chantent le dernier refrain).

BOUZY

C'est ça, c'est ça ! (*Il reprend en fredonnant :*) les lièvres dans les thyms r'gardent passer malins.... Ah les coquins de lièvres... Mais revenons à nos moutons, et à notre champenois de neveu. Mon cher garçon, comme je te l'ai écrit, fidèle à la foi jurée..... Tu sais comme dans Sigurd (*il chante*).

> Fidèle à la foi jurée
> La visière du casque baissée.....

Jolie note, hein ! — (*fat*) moi je ressemble à de Rezké, mais je n'ai pas de visière.... ça ne te fait rien que je n'aie pas de visière.... (*satisfait de sa plaisanterie il s'esclaffe*). C'en est de l'esprit ? Ça t'épate, provincial, moi je ressemble à Fursy, de l'esprit, j'en ai des tas des flottes. Ici, tout le monde est comme cela.

NICOLAS

Oui, oui, j'ai déjà vu le garçon.

BOUZY

Ou en étais-je ? (*cherchant*) Je disais... oui, moi je ressemble à un député, quand je parle de quelque chose, je me laisse entraîner, entraîner, et finalement j'aborde un autre sujet; mais cela n'a pas d'importance. Je disais donc que, fidèle à la foi jurée...

NICOLAS (*continuant*)

La visière du casque baissée....

BOUZY

Non, n'essaye pas tu te ferais mal. Je t'ai écrit de venir *au Mouton qui siffle*, aujourd'hui jeudi 28, à quatre heures ; et ce, dans le but de te présenter à ma fille Céleste que je désire marier. Peut-être as-tu été surpris de la rapidité de ma décision, vouloir marier sa fille, comme cela, tout de suite, comme on irait prendre un bock ou l'omnibus, mais en voici l'automobile.

NICOLAS (*interloqué*)

L'automobile ?

BOUZY

Eh ! oui, l'automobile ; autrefois on disait tel mobile m'a poussé à ceci ou à cela, maintenant nous disons tel automobile ; c'est le progrès ! Moi je suis pour le progrès, je ressemble à Edison... Figure-toi que ma fille est visitée.

NICOLAS

Visitée ?

BOUZY

Oui, par l'ange Simerel !

NICOLAS

Par l'ange Simerel ! pfuittt (*il fait claquer ses doigts*) ce n'est pas de la rebèche.

BOUZY

C'est exact ; tu penses quand j'ai appris cela si j'ai jubilé.

NICOLAS (*surpris*)

Comment jubilé ?

BOUZY

Tu ne comprends donc pas ? ma fille voyante, quelle réclame ! Quelle attraction ! D'abord, moi je ressemble à Barnum ; je vois tout de suite le parti à tirer d'une exhibition ! Malheureusement, quand j'ai voulu installer un cabinet de consultation transcendental, le commissaire du quartier m'a fait prévenir que si j'ouvrais, il fermerait. Alors, je n'ai rien entrepris. Quel succès tout de même c'eût-été ! (*Tout en déambulant, il annonce sur le ton des hommes-réclames*) : Tous les soirs, « au *Mouton qui siffle*» Les chansonniers montmartrois dans leurs créations, et à dix heures, conversation avec l'ange Simerel par l'intermédiaire gracieux de Mademoiselle Céleste Bouzy.

NICOLAS

Un succès fou !

BOUZY

Enfin, tant pis. Mais croirais-tu que l'ange conseille à ma fille de se marier ; c'est curieux de la part d'un célibataire. Pourtant, il en est ainsi, et je t'ai fait prévenir.

NICOLAS

Ah ! Cher oncle !

BOUZY

Une chose, cependant, me chiffonne, c'est que l'ange lui indique un chansonnier pour époux.

NICOLAS

Un chansonnier, drôle de goût.

BOUZY

Mais moi, je n'ai qu'un désir, celui de t'unir à ma fille !

NICOLAS

Ah ! Excellent oncle !

BOUZY

Aussi, ai-je combiné un plan. — Moi je ressemble à Napoléon, j'ai toujours su organiser mes dispositions. — Tu vas comprendre.

NICOLAS

Merci.

BOUZY

Je te présente à ma fille avant tous les autres prétendants. Adroitement, je te fais valoir, et finement je laisse entendre que je ratifierai le choix que l'on fera de toi. C'est combiné cela ; moi je ressemble à Machiavel, on me l'a toujours dit.

NICOLAS

Ah ! Oncle délicieux..... mais, ne croyez vous pas que ma tournure un peu....

BOUZY (appréciant)

Niaise !

NICOLAS (protestant)

Oh !

BOUZY

Si, si, niaise ; je connais la valeur de mes mots, je ressemble à Buffon.

NICOLAS (à part)

Quelle galerie !

BOUZY

Mais je connais mes champenois, dans une heure, tu
seras, grâce à mon tailleur, transformé en snob chic ;
(*l'examinant en détail*), les mouvements un peu gauches,
cela se corrige, la figure.... hum ! hum ! un peu paysan,
cette coiffure (*Il lui ramène les cheveux sur le front et les
sépare en deux moitiés*). Là donc, ainsi, c'est déjà mieux,
ce n'est pas encore la préraphaélite distinguée, mais le
Figaro du coin t'arrangera cela. (*Nicolas s'est laissé faire,
passif, les cheveux lui dégoulinent dans les yeux*). Il
importe, quant à présent, que ma fille ne te voie pas
ainsi.

NICOLAS.

Entendu, je m'en vais (*il remonte à droite pour sortir*).

BOUZY (*le rappelant*)

Un mot, j'ai une idée.

NICOLAS

Qu'est-ce ?

BOUZY

Fais-toi chansonnier.

NICOLAS (*estomaqué*)

Chansonnier !

BOUZY

Dam, oui. Puisque l'ange veut un chansonnier, le meilleur moyen de réussir, c'est de se conformer à ses désirs, comprends-tu ?

NICOLAS

Pas très bien.

BOUZY

Mais si, ce soir chante nous une chanson inédite.

NICOLAS

Vous n'y pensez pas ; une chanson inédite, je n'en ai pas sur moi.

BOUZY

Fais-en une.

NICOLAS

Non, mais vous en avez de bonnes, vous,..... ah ça, croyez-vous.....

BOUZY

Ne discutons pas, je te donne un moyen certain de réussir ; à toi de l'employer.

NICOLAS

Mais, mais ..... pour une chanson, il faut un sujet ; qu'est-ce que je pourrais bien dire ?

BOUZY

Ah ! tu m'en demandes trop, fais ce que tu voudras ; mais par grâce ne prends pas ces airs ahuris de pompier de la lune..... Tiens ? qu'ai-je dit ? Pompier de la lune ? Mais le voilà le sujet, va, va, travaille-moi cela. (*Ils remontent à droite*).

SCÈNE V

CÉLESTE, BOUZY, NICOLAS

CÉLESTE (*entre sans apercevoir Bouzy et Nicolas qui, tout en remontant vers la porte du côté droit, bavardent à voix basse. Céleste tient à la main un papier mauve, les yeux au ciel, elle déclame avec le geste large et symbolique :*)

> O ! Céleste, je veux
> Sur le rythme saphique,
> Chanter tes noirs cheveux,
> Dont les reflets soyeux,
> Allument en mes yeux,
> Une flamme mystique.

Je dirai, en mes vers
Simples mais eurythmiques,
Les fulgurants éclairs
Qu'allume dans les airs
L'éclat fauve et pervers
De tes cheveux magiques.

Quelle allure ! quel sentiment. Ah ! la cadence berceuse et ondulante. (*Elle marmonne tout bas la suite, cependant que Bouzy et Nicolas arrivés auprès de la porte, au moment de se séparer :*)

BOUZY

Alors entendu, à dix heures avec le pompier de la lune ! Quelle idée ! quelle idée ! Tu vois le pompier, la pompe, le casque et le refrain onomatopéique tout ruisselant d'eau rejiclante (*il imite le bruit de l'eau s'échappant de la lance*). Pompier de la lune, allons, au revoir.

NICOLAS

Adieu. mon oncle.

CÉLESTE (*se retournant*)

Au plaisir, mon cousin.

NICOLAS (*surpris, ébloui et gauche*).

Ma cousine.

BOUZY

Tu étais donc là.

CÉLESTE

Oui..... (*câline*) pompier de la lune.

BOUZY (*l'embrassant*)

Humph ! Est-elle gentille ! — Ah ! quand l'ange n'est
pas là.

CÉLESTE .

Tâchez d'être un peu respectueux, monsieur mon père.

BOUZY

Mais qu'est-ce donc que tu lis ?

CÉLESTE

Oh ! des vers admirables que m'a adressés monsieur
Duchenet. Quel poëte ! quel génie !

NICOLAS (*à part*)

Quel fumiste !

CÉLESTE (déclamant)

Trouverai-je jamais
Les termes symphoniques
Pour dire les reflets
De tes cheveux de jais,
Ces cheveux que j'aimais,
Aux lueurs symboliques.

Sombres comme les soirs
De l'hiver antarctique,
Je mire mes espoirs
En les souples miroirs
De tes beaux cheveux noirs
A l'éclat traumatique.

BOUZY

Comment l'éclat traumatique?

CÉLESTE

Mais oui, l'éclat qui blesse, qui blesse le cœur. Comme
c'est trouvé !

BOUZY

Heu, Heu, j'aurais préféré, moi :

Sombre comme les soirs
Où manque la bougie... (il cherche un instant)
... Sur ma pâte à rasoirs
J'aiguise mes rasoirs
Pour être frais ce soir
Comme veau de bouch'rie.

(Il éclate de rire). Ça y est ça ! Mais parlons d'autre chose. Puisque vous êtes là, je vais vous présenter l'un à l'autre. *(Présentant.)* Nicolas, Guy de la Planchette, mon neveu.

NICOLAS *(s'inclinant)*

Mademoiselle.

CÉLESTE *(même jeu)*

Monsieur.

BOUZY *(présentant)*

Mademoiselle Céleste, ma fille.

NICOLAS *(s'inclinant)*

Mademoiselle.

CÉLESTE

Monsieur.

BOUZY

Mes chers enfants, fidèle à la foi jurée.....

CÉLESTE *(interrompant)*

Mais papa, tu me l'as déjà dit.

BOUZY

Tu crois ; *(se retournant vers Nicolas)* Mon cher garçon,
fidèle à la foi....

NICOLAS

Mais non, mais non, ça c'est entendu.

BOUZY

Ah ça ! Ressemblerai-je à Charles le Chauve ? Radote-
rai-je ?

NICOLAS

Mademoiselle, mon oncle a bien voulu m'apprendre que
ce soir vous feriez choix d'un fiancé, et je suis venu me
mettre sur les rangs.

CÉLESTE

Mon cher cousin, je vous remercie, mais, vraiment, je
regrette que vous vous soyez dérangé.

NICOLAS

Pourquoi donc ?

CÉLESTE *(pivotant et d'un ton dégagé)*

Parce que ce ne sera pas vous que je choisirai.

BOUZY

Voyons Céleste !

NICOLAS

Comme cela, sans m'examiner ?

CÉLESTE

Ma foi oui.

NICOLAS

C'est du parti pris, ce n'est pas gentil, ma cousine ; vous devez bien avoir une petite raison, une toute petite raison.

CÉLESTE

A quoi bon elle vous chagrinerait.

NICOLAS

Dites toujours.

CÉLESTE

Eh bien je veux un homme beau, spirituel, capable de me dire des paroles qui font rêver, de me murmurer des mots d'extase, un maître qui puisse me conduire partout, et que partout je sois fière de lui, parce qu'il sera le plus esthétiquement parfait et le plus intelligent.

Faut-il vous dire quel est mon rêve
Un homme brave, superbe et beau,
A la démarche rapide et brève
Gracieux et souple comme un Valleau
Ah !
Je le désire, plein d'éloquence
Pour me dépeindre son fol amour
Rempli de charme, plein d'élégance,
De subtils sentiments et d'humour

Alors mon cousin... (*geste complétant la pensée décourageante*).

NICOLAS

Alors, je ne réponds pas à votre idéal.

BOUZY

Cependant,...

CÉLESTE (*agacée*)

Cependant papa, tu me permettras bien de causer.

BOUZY (*se repliant en bon ordre et joyeuse humeur*)

Dieu me garde
Hermengarde
De vouloir un seul instant
Arrêter ton boniment

Satisfait) Moi aussi, parbleu, je sais faire des vers

CÉLESTE

Tu es assommant.

BOUZY

Ma fille !

CÉLESTE (*câline*)

Oui, gros pépé... Quant à vous, mon cousin, vous pouvez être un excellent garçon, mais vous êtes un peu trop, rococo.

NICOLAS

Rococo ?

CÉLESTE

Oui, rococo, et fussiez-vous Adonis en personne, si vous n'avez pas le psstt spirituel (*elle fait claquer ses doigts*)... cela ne vous servirait de rien. Ainsi donc...

NICOLAS

Ainsi donc, je suis rococo, et je n'ai pas le psstt spirituel, c'est charmant.

BOUZY

Mais, ma fille, un Champenois !

CÉLESTE

Oh ! vous, avec vos Champenois !... d'abord, 99 moutons et un Champenois... *(elle achève sa phrase dans un éclat de rire).*

NICOLAS

C'est vieux, c'est vieux, cela.

BOUZY

Ecoute plutôt :

Vois-tu là-bas, sur la verte colline,
Que le soleil flambe de son brasier,
Le vigneron frappe en courbant l'échine
Le sol léger qui fait feu sous l'acier.
Ainsi l'esprit champenois étincelle,
Vif, éclatant, au choc de la gaité,
Sentant un peu la poudre, et prompt comme elle
Fusant soudain en brillante clarté.

Vois-tu, plus tard, au milan de l'Automne
Le Vendangeur pressant le grain juteux ;
Le vin nouveau dans le foudre s'entonne
En répandant un parfum capiteux.
Ainsi l'esprit champenois nous embaume,
Comme lui franc et de saveur pareil,
Contre les pleurs c'est un souverain baume,
Mettant au cœur un rayon de soleil.

Enfin vois-tu le flacon vénérable
Le chef orné d'une mitre d'argent ;
Pan ! le bouchon en sautant sur la table
Laisse échapper le blond vin pétillant.
Ainsi l'esprit champenois saute et joue,
Il mousse, il chante ; il pétille et voilà
Comment on ne saurait faire la moue,
Au Champenois que je présente là.

CÉLESTE

Mais papa, je ne demande qu'à ne plus faire la moue...
et à ne pas épouser mon cousin.

BOUZY

Enfin, tu n'as aucune raison sérieuse.

CÉLESTE

Si, une : (*grave*) l'ange Simerel !

JEAN (*qui vient d'entrer toujours un plateau
à la main, le laisse échapper*)

Brrr, çà me fait peur.

BOUZY

Jean, vous êtes une brute. — (*à sa fille*, L'ange Simerel,
l'ange Simerel ; c'est énervant à la fin cette immixtion con-
tinuelle d'un ange dans notre vie de famille. Si jamais

l'occasion m'est donnée de le rencontrer, je lui apprendrai la discrétion. La vie devient impossible avec ce personnage invisible autant que tyrannique et rasoir, qui se mêle de donner son avis sur nos moindres actes et nos plus petites décisions. C'est à croire que bientôt... (*il confie sa pensée joyeuse et probablement gaillarde à Nicolas, lequel s'en bat les cuisses de contentement*). (*haut*). C'est bon, nous verrons ; en attendant, je vais m'habiller (*heurtant Nicolas du coude*) et trouver un moyen de gagner la bataille. Moi, je ressemble à Carnot, j'organise la victoire !

CÉLESTE

Adieu, mon cousin... et n'oubliez pas : 99 moutons et un Champenois... (*elle s'esquive en riant*).

SCÈNE VI

JEAN — NICOLAS

JEAN

Vous en avez des ressemblances dans votre famille !

NICOLAS (*découragé*)

C'est vrai ! Napoléon, Edison, Machiavel, Carnot !

JEAN

Et un ange qui vous rend visite (*il éclate de rire*). Hi hi
oh oh ah ah ! Je me gondole (*il donne les signes les plus
manifestes d'une incontinente rigolade*).

NICOLAS (*à part*)

C'est l'accès qui le reprend. (*haut*) Tu dis ?

JEAN (*scandant*)

Je me gon-do-le. Tenez, je vous ai promis un secret ;
votre tête me revient, asseyez-vous là, en face de moi, je
vais vous apprendre un gros secret.

NICOLAS

Un secret ?

JEAN

Un secret.

NICOLAS

Vite.

JEAN (*se dirigeant vers le comptoir*)

Attendez, je vais faire mon absinthe, c'est l'heure de la
purée.

Il chante sur l'air de va petit mousse (Cloches de Corneville)

> Tendre purée
> Dont l'onde ambrée
> Nous fait oublier un instant
> La vie amère
> Et la mégère
> Qui nous accable de tourment.

(Il fouette son absinthe).

Faire une bonne absinthe n'est pas chose facile ; ne me parlez pas de ces gens qui....

NICOLAS

Ah mais, ah mais ; je me fiche de ton absinthe ; si ton secret consiste à me documenter sur les différents modes de préparation du perroquet, tu peux le garder.

JEAN

Non, mais laissez-moi vous apprendre que, pour faire une bonne absinthe, il est de toute nécessité de se servir de bonne absinthe. Celle-ci doit avoir été récoltée sous la neige par une température variant entre 37 degrés 6 et 38 degrés 3 de chaleur. Il n'en faut ni trop, ni trop peu ; la décantation dans le verre doit être exempte de brusquerie et cependant rapide, afin de ne point laisser s'évaporer dans l'air les subtils arômes dont son parfum est la synthèse. Le sucre doit provenir, non des betteraves françaises, mais bien des cannes major des plantations Martiniquaises ; De même toutes les eaux ne peuvent convenir. Ainsi, orphelin à l'âge de......

NICOLAS (*bondissant*)

Tonnerre de bleu, je crois que ce plongeur s'offre ma tête. Veux-tu me ficher la paix avec la veuve et l'orphelin et me dire ton secret.

JEAN (*tendant une main négligeamment quémandeuse*)

C'est selon, Monsieur, c'est selon
Ce qu'on donne de picaillon.

NICOLAS

Je comprends. Tiens, voici une nouvelle pièce de cinquante centimes, c'est très rare et ça ne durera pas longtemps.

JEAN

Merci. Or donc tremolo à l'orchestre, une, deux...

NICOLAS

Quelle huître !

JEAN

Trois: L'Ange?... C'est de la blague.

NICOLAS

De la blague?

JEAN

De la pure invention !

NICOLAS

Mais c'est intéressant, raconte.

JEAN

Ça dépend, Monsieur, ça dépend
De ce que l'on casque d'argent.

NICOLAS

Tiens, voici une pièce du Chili, c'est très rare, et cela a beaucoup de valeur.

JEAN

Merci. Pour lorss... Alphonse Duchenet, connaissez-vous Alphonse Duchenet.

NICOLAS

Le poète à l'éclat traumatique.

JEAN

Juste. Alphonse Duchenet, joueur, menteur, poète de talent, mais panier percé, sans un sou vaillant, n'étant riche que de dettes, a jugé qu'il serait bon d'épouser une jolie dot ; aussi, maintenant, fait-il profession d'aimer Mademoiselle Bouzy à qui il a monté le Job.

NICOLAS

Monté le Job.

JEAN

Oui le Job, Job Jib Jab Jeb Jub, Jabôn Jabôn ; Job qui
est la traduction arabe de bourrichon ; monter le Job, Kif-
kif monter le bourrichon.

NICOLAS

Je saisis.

JEAN

Ce n'est pas dommage ; certain de ne pas avoir le consentement de Monsieur Bouzy, le bel Alphonse a imaginé
le petit truc de l'ange Simerel.

NICOLAS

Comment cela ?

JEAN (tendant une main négligeamment quémandeuse)

Pour le reste ne vous déplaise
Il me faudrait un peu de braise.

NICOLAS

Voici une pièce bénie par le pape.

JEAN

Mais elle est de lui.

NICOLAS

Elle n'a que plus de valeur.

JEAN

C'est juste. Je continue. Mademoiselle Céleste fait aller son père comme elle veut, car le patron croit à l'ange et respecte ses décisions. Voici comment cela se passe *(Il se promène les yeux au ciel et murmure d'une voix blanche).*

> Voici que m'apparait l'archange
> Orbé de lumière divine
> Plus claire que la *Luciline*....

Ça c'est pour la rime, vous comprenez ; parce que les anges, comme les dieux, parlent en vers.

> ...Et vêtu d'une robe blanche...
> Il parle et voici ce qu'il dit :
> « Céleste il faut prendre un mari.
> Et ce mari tu le prendras.
> Parmi les chansonniers celui que tu voudras. »

Ce n'est peut être pas très fort comme poésie, mais, c'est très bien inventé. Avez vous compris ?

NICOLAS

Hélas trop bien ! Que faire.

JEAN

Moi, je n'en sais rien, mais.... *(tendant la main)*.

Pour mon secret, si ça vous plaît,
Veuillez cracher au bassinet.

NICOLAS

C'est un vrai mirliton. Voici un louis, *(remettant la pièce dans son gousset)* au fait, non, tu n'auras rien. Ton secret somme toute, est une mauvaise nouvelle ; pour une bonne, je ne dis pas, mais pour une mauvaise, je ne peux vraiment pas ; que diantre !

JEAN

C'est juste, c'est trop juste.

NICOLAS

Ecoute, je vais tout tenter, pour réussir ; si je réussis, mille francs pour toi.

JEAN

Chouette ! Désormais je suis votre allié *(parodiant Bouzy)*. Moi je ressemble à Nicolas II.

5

NICOLAS

Et moi, je sens que je deviens Parisien. Ohé ohé, ohé ohé. Je vais m'habiller (*exit*).

SCÈNE VII

JEAN

Brave cœur ! Une pièce du pape ! Une autre du Chili, une troisième de cinquante centimes. Ah ! brave garçon ! Et avec cela mille balles ! (*cheyant à genoux*) Ange Simerel, priez pour nous.

SCÈNE VIII

(*Au début de la scène, Jean range les tables, les chaises, etc., et donne un dernier coup de balai.*)

JEAN puis DUCHENET

JEAN

Neuf heures ! Les clients vont commencer à venir.

DUCHENET (*à la cantonade*)

Allons Margoton la Jolie
Verse-moi, verse-moi du vin...

(*Il entre*) Jean !

JEAN

Boûoûm ! !

DUCHENET

Bouzy n'est pas là ?

JEAN

Pardon, vous voulez le voir.

DUCHENET

Inutile (*il s'attable négligeamment à une table à droite et fredonne*) Au cabaret, lorsque l'on boit chacun... (*parlé*) Dis donc, Jean ? Par un hasard malencontreux, j'ai oublié mon porte-monnaie, tu ne pourrais pas...

JEAN

Mais parfaitement (*Il fait mine de se fouiller*) (*à part*) plus souvent Fernand (*Il continue son exploration volontairement infructueuse*) (*haut*) Ah ! çà, par exemple, voici qui est extraordinaire. Quel jour sommes-nous ?

DUCHENET

Jeudi.

JEAN

Ça y est. J'ai oublié mon portemonnaie. Monsieur n'a pas remarqué comme le jeudi on oublie facilement son portemonnaie ?

DUCHENET

Tu te moques de moi, crétin.

JEAN

Si on peut dire.

DUCHENET

Mais laisse faire, quand je serai le patron.

JEAN

Oh Oh ! Ce n'est pas encore fait.

DUCHENET

Mais dans deux heures, ce le sera.

JEAN

Monsieur sait-il que le cousin de province est arrivé ?

DUCHENET

Ah ! Et comment est-il cet huluberlu de provincial.

JEAN

Oh très bien, très bien, c'est un monsieur très distingué.

DUCHENET

Un mufle.

JEAN

Il a l'air d'un ministre.

DUCHENET,

D'un cuistre veux-tu dire. Et je vous prie, monsieur Jean de ne plus m'adresser la parole : j'ai besoin d'un instant de repos pour composer ce que je dirai tout-à-l'heure (*il écrit à mesure qu'il parle :*)

Tes yeux sont un velours où mon âme se joue
Comme un petit enfant emmi le vert gazon ;
Mon cœur se rafraîchit au contact de ta joue,
Comme la soif s'étanche...

JEAN (*achevant*)

avec l'amer Picon.

DUCHENET

Ah çà ! Qu'est cette plaisanterie ?

JEAN

Je donne mon avis et une rime.

DUCHENET

Je n'ai que faire de vos stupidités. On ne peut vraiment
travailler ici. Tâchez de vous taire.

JEAN

C'est convenu, je le boucle.

DUCHENET

Hein ?

JEAN

Je dis : c'est convenu, je le boucle.

DUCHENET

Quoi.

JEAN (*gracieux*)

Mon sac de nuit.

DUCHENET (*hausse les épaules, puis écrit :*)

Ta lèvre, est un bouton de rose où papillonne
Ma lèvre...

JEAN

A propos, monsieur.

DUCHENET

Qu'est-ce encore ?

JEAN

Il chantera.

DUCHENET

Qui, il ?

JEAN

Le cousin.

DUCHENET

Peuh ! Quelque chansonnette de café-concert ; il n'a du reste, aucune chance, et ce soir, moi Duchenet, j'obtiendrai la main de Mademoiselle Céleste et les cent mille francs à elle dévolus ; et avec les cent mille francs : (*il fait claquer ses doigts*).

SCÈNE IX.

BOUZY, DUCHENET. JEAN par intermittences.

BOUZY

Oh ! Déjà là Duchenet ! C'est bien mon garçon. Le grand chansonnier Alphonse Duchenet, au *Mouton qui siffle* ; et moi, Bouzy, je ne suis pas plus fier pour cela. Je ressemble à Alexandre le Grand : je ne suis pas fier. Dites donc à propos.

DUCHENET

Qu'y a-t-il ?

BOUZY

Vous envoyez des vers à ma fille.

DUCHENET *(dans un embarras qu'il voudrait gracieux)*

Un hommage.

BOUZY

Un hommage, je m'en fiche, je préfèrerais que vous vous abstinssiez de ces envois. *(philosophe)* Après tout, cela a si peu d'importance.

DUCHENET (*vexé*)

Trop aimable.

BOUZY

Je dis que cela a peu d'importance vis-à-vis de Céleste qui est un ange de candeur et de pureté.... Ça en fait un raffut dans Montmartre, mon idée ! Goulot le poëte, Granmachin, Hifltikar, Dubec.

DUCHENET

Ah Dubec vient aussi !

BOUZY

Oui mon cher, sans compter Descoya, Barbflask, Malmarké dans leurs nouvelles créations. Le clou, le clou mon cher, qui consacre définitivement la réputation artistique et littéraire du *Mouton qui siffle ;* le rendez-vous de toutes les élégances, et de l'élite des intellectuels.

DUCHENET

A quelle heure commencerons-nous ?

BOUZY

A neuf heures (*confidentiel*) Entre nous vous n'avez aucune chance.

DUCHENET

Vous croyez ?

BOUZY

J'espère bien que vous ne vous êtes jamais fait d'illusion sur votre réussite, ma fille a bon goût.

DUCHENET (*gouailleur*)

Toujours flatteur, Monsieur Bouzy.

BOUZY

Ce que j'en dis là, ce n'est pas pour vous décourager, croyez-le bien. Céleste sera libre de son choix. Cependant, je me réserve jusqu'au lendemain pour l'accord de mon consentement, vous le comprendrez facilement, j'ai le droit de veto, moi, je ressemble à l'Exécutif.

SCÈNE X.

DUCHENET, CÉLESTE, BOUZY. JEAN (*par intermittences*)

CÉLESTE (*entrant*)

Salut à notre grand chansonnier.

DUCHENET

Dieu ait en sa sainte garde l'objet de mes rêves.

BOUZY (*appelant*)

Jean ! as-tu mis la bière sous pression.

JEAN (*à la cantonnade*)

Oui patron.

BOUZY

Donne-moi les journaux. (*apercevant Céleste et Duchenet
qui remontent au milieu de la scène et se regardent
d'amoureuse façon*) Je suis peut-être de trop ? (*à Jean
qui apporte les Journaux*) Voyons les dernières nouvelles : Un assassinat, double suicide (*peu à peu sa voix
s'éteint*).

DUCHENET (*à Céleste*)

Ame de mon âme, laissez-moi puiser la vie et le bonheur
à la source limpide de vos prunelles. Regardez-moi, quand
nos yeux se mirent les uns dans les autres, il me semble
que quelque chose de vous passe en moi, et que, sous le
feu de votre regard mon être se fond et prend la forme de
votre rêve, que je deviens...

BOUZY (*commentant sa lecture*)

Un abruti.

Duchenet (*continuant*)

Un abruti (*se reprenant*) hum, que je deviens...

Bouzy

Un abruti qui vient encore de se faire écraser.

Duchenet (*reprenant le fil de son discours*)

Que je deviens votre chose. Mon moi s'identifie avec votre moi, je n'ai d'autre volonté que la vôtre, et, maîtresse absolue de mon destin, le moindre signe de vos lèvres, la plus petite moue de votre visage, le plus léger voile sur vos yeux changeants sont pour moi autant d'évènements graves de ma destinée, et je suis devant vous comme...

Bouzy (*faisant part de sa lecture*)

Un fourneau qui vient encore d'asphyxier trois personnes, on ne saurait prendre trop de précautions.

Duchenet (*agacé, mais continuant*)

... Et je suis devant vous comme un petit enfant.

Céleste

Ah ! Duchenet vous savez parler au cœur.

DUCHENET

J'ai composé à votre intention une chanson où j'ai mis
le parfum d...

BOUZY

Un urinoir renversé par l'omnibus de Panthéon-Cour-
celles : çà devait arriver ; Céleste ? l'ai-je prévu cet acci-
dent là ?

DUCHENET (*haussant furieusement les épaules*)

.Où j'ai mis le parfum de votre âme et le charme enivrant
de votre esprit.

(*Depuis un moment, déjà, on perçoit le bruit d'une troupe qui
s'avance et bientôt retentissent sous la fenêtre de droite des cris
joyeux et variés*).

BOUZY

Qu'est-ce donc ?

SCÈNE XI.

LES MÊMES, puis BARBFLASK, DUBEC, GRANMACHIN, etc.

Chansonniers et Consommateurs.

(Les Chansonniers sur le seuil de la porte)

Duchenet *(parodiant Cyrano)*

Ce sont les cadets de Montmartre,
Du Chien noir et du Sacré-Cœur ;
Rieurs et rimeurs, diable à quatre,
Ce sont les Cadets de Montmartre
Dont l'esprit mordant et railleur
Se plaît à jouer et combattre ;
Ce sont les Cadets de Montmartre,
Du Chien noir et du Sacré-Cœur.

Cependant que Duchenet a débité sa petite tirade, les chansonniers se sont groupés à la porte d'entrée et aussitôt le dernier vers :

Barbflask *(s'avançant au-devant de Céleste)*

Mad'moiselle écoutez-moi
'Guigne en haut, guigne en bas
Guignez moi cet iroquois,
Mad'moiselle, écoutez-moi
Guigne en haut, guigne en bas
C'est moi qui serai le roi.

Granmachin (*même jeu*)

Mad'moiselle mes beaux vers
Guigne en haut, guigne en bas
(Guignez-moi la dame en vert.)
Mad'moiselle mes beaux vers
Guigne en haut, guigne en bas
Mettront votr' tête à l'envers.

Dubec (*même jeu*)

Confiant dans le destin
Guigne en haut, guigne en bas
(Guignez-moi ce strapontin)
Confiant dans le destin
Guigne en haut, guigne en bas
Je s'rai vainqueur, c'est certain

4ᵉ Chansonnier

Sous le feu de vos beaux yeux,
Guigne en haut, guigne en bas
(Guignez-moi le vieux monsieur)
Sous le feu de vos beaux yeux
Guigne en haut, guigne en bas
Je serai victorieux.

Jean

Mad'moisell', j'suis vot' garçon
De café, guigne en bas
Guignolet, vermouth-cassis
Mad'moiselle, j'suis vot'garçon
De café, guigne en bas
Mais je pouss'rai ma chanson.

DUCHENET

Mademoisell' j'm'appell' Duch'net
Guigne en haut, guigne en bas
(Guignez-moi le chic que j'ai).
Mad'moisell' j'm'appell' Duchenet
Guigne en haut, guigne en bas
D'vant moi tout doit s'incliner.

TOUS

Animés d'une même ardeur
Guigne en haut, guigne en bas,
(Mon voisin est un farceur),
Animés d'un' même ardeur,
Guigne en haut, guigne en bas
Nous briguons tous votre cœur.

Les chansonniers se séparent en deux groupes, les uns à droite de la scène, les autres à gauche, derrière la petite estrade où se trouve Céleste.

BOUZY

Salut, Messieurs, la bienvenue à tous, merci d'avoir bien voulu répondre ... *(entrée de consommateurs)*, un, deux, trois...

Oh ! là là, regardez moi donc ces têtes
Pigez ces binettes
Pâles et défaites
Oh ! là là, regardez moi donc ces têtes
Pigez les binettes
Des nouveaux clients.

LES ARRIVANTS

Salut ! et fraternité !

BARBFLASK

Salut au grand homme, au seul ! à l'unique, au mirifique, prodigieux et superlificoquentieux Bouzy.

LE CHOEUR

Vive Bouzy.

BOUZY (*grimpé sur une chaise*)

Messieurs, je ressemble à l'épin, je serai bref (*murmure dans l'assistance*). Je ne veux point vous répéter ce que vous savez tous, c'est-à-dire que... (*entrée de consommateurs*) Un, deux, trois.

> Oh ! là là, regardez moi donc ces têtes
>> Pigez ces binettes
>> Pâles et défaites
> Oh ! là là, régardez moi donc ces têtes
>> Pigez les binettes
>> Des nouveaux clients.

DUBEC (*escaladant une table*)

Au nom de la loi...

6

Le Chœur

Assez — sur la table — c'est un hydrophobe — fermez — il est gris — les élections sont passées — va donc, ministre, etc. .

Dubec

Oh vous pouvez crier, je méprise la cabale, et vos protestations malveillantes ne m'empêcheront pas de parler. (*Le tumulte augmente*). Devant le tumulte organisé, je me retire froidement Je renonce à la parole, la France jugera. (*Il descend*).

Le Chœur

Ouaoùh (*cris variés d'animaux*).

Dubec (*montant sur sa table*)

Très bien, je crois comprendre que vous tenez m'entendre, je reprends donc la parole. Silence. (*Un calme relatif s'établit*). Los aux dames, Honneur à Bouzy, Dieu vous tienne tous en liesse.

Barbflask

Il flatte l'auditoire.

Dubec

Joyeux chansonniers, talentueux poëtes, ce jourd'hui, notre très acclamé Bouzy nous convie à un tournoi littéraire autant que musical et non moins poëtique. Le vainqueur, tel autrefois, l'heureux champion des Joutes chevaleresques, se verra décerner comme prix de sa victoire, l'écharpe de mademoiselle Céleste. Et celle-ci, désirable entre toutes, — c'est de la demoiselle que je parle — accompagnera... (*nouvelle entrée*).

Le Chœur

Oh ! là là, regardez moi donc ces têtes
etc...

Barbflask

Laissez donc parler le candidat.

Dubec

Les interruptions continuelles sont fatigantes pour l'orateur...

Granmachin

Pour le raseur.

Dubec

Et insuportables pour tous. Je disais donc que le vainqueur aura l'écharpe et subséquemment la main de Mademoiselle Bouzy.

Barbflask (*se levant*)

Les chansonniers, convaincus de la stupidité de leur bon camarade Dubec, approuvent ses conclusions, passent à l'ordre du jour et respectueusement le prient de descendre. (*Un coup de pied dans l'escabeau de Dubec fait s'étaler ce dernier au milieu des bocks et des ballons*).

Le Chœur

Garçon — boûm — un lait chaud et mon bock — nous attendons depuis une heure — Quand cela commence-t-il — C'est un idiot — Avez-vous vu le président — merci j'aime mieux une menthe — Comment va Paméla — soyez poli — Vous êtes un crétin — trop aimable, et.

Bouzy

Nobles seigneurs, silence !... Qu'un bœuf soit sur votre langue à chacun et à défaut d'un bœuf, pour les contraindre à l'immobilité, occupez les à vos dents creuses. Silence donc, que la joute commence ! Ma fille, telle autrefois, la reine des cours d'amour, va ouvrir le tournoi. (*Il prend Céleste par la main et la conduit jusqu'à la rampe*).

CÉLESTE

LA VIGNE

(Légende hindoue)

Bacchus, d'après un viel adage,
Revenant de pèlerinage
Dans l'Inde, il y a dix mille ans,
Trouva la vigne mes enfants.
Comme elle était jeune et fragile.
Il prit un os de volatile,
Dans lequel précieusement
Il déposa le cep naissant.

Aussi, quand nous buvons le vin
Des chansons monte le levain
    Et nous chantons
  Comme des pinsons.

Mais bientôt grandit la racine
Aussi, bientôt on le devine,
L'os de l'oiseau ne pût tenir
Le cep qui poussait à plaisir.
Lors, pour sauver sa découverte,
La jeune vigne tendre et verte,
Bacchus, avec précaution,
La posa dans l'os d'un lion.

Aussi quand on boit plus de vin
La force en nous monte soudain
    Et nous luttons
  Comme des lions.

Mais la racine chevelue
Brisa sa prison exiguë,
Car le cep s'épanouissait
A mesure qu'il avançait.
Le Dieu d'un âne prit l'échine
Y mit la vigne smaragdine
Et put enfin, victorieux,
Porter l'arbuste précieux.

Aussi quand on boit trop de vin,
Chez nous l'âne paraît enfin,
Nous devenons
Comme des anons.

(Une fois la chanson applaudie, Céleste se voit l'objet d'une véritable ovation, les chansonniers la portent jusqu'à sa place).

BOUZY

Maintenant, à tout seigneur tout honneur. Notre grand chansonnier Alphonse Duchenet dans ses chansons crokballesques et lénitives.

(Murmure flatteur, Duchenet s'avance).

Duchenet

LES QUATRE MAITRESSES

—

(Gaiment)

En m'éveillant le matin,
— Fleurez, fleurez, le romarin —
— Le ciel est rose —
La Blondinette je vis
Folle et joyeuse les yeux gris
Riante et rose.
Je lui dis : veux-tu m'aimer ?
— « Oui mais que vas-tu me donner
« Répondit-elle ?
« — Je te donnerai mes chants
« Et la gaité de mes quinze ans
« — Bien dit la belle.
« J'accepte m'ami, prends moi,
« Prends moi m'ami je suis à toi. »

(Passionné)

Quand s'éleva le soleil,
— Fleurez, fleurez l'œillet vermeil —
— Le ciel s'embrase —
Ardente je rencontrai
La Brune, au regard qui errait
Rempli d'extase.
Je lui dis : veux-tu m'aimer ?
— « Oui, mais que vas-tu me donner

« Répondit-elle?
« — Je te donnerai mon cœur,
« Mes chauds baisers, ma jeune ardeur,
   — « Bien dit la belle.
« J'accepte m'amour prends moi,
« Prends moi, je t'aime et suis à toi. »

(Enervé)

Lorsqu'enfin le soir tomba
— Fleurez, fleurez le réséda —
   — Le ciel rougeoie —
La Rousse vient m'enlacer
Les yeux brillants, le corps lassé
   Fille de joie.
   Je lui dis : veux-tu m'aimer ?
— « Oui mais que vas-tu me donner
   « Répondit-elle ?
   « — Je te donnerai de l'or,
« De l'or, de l'or, de l'or encor,
   Plein l'escarcelle. »
   « J'accepte chéri, prends moi
Prends moi vite, je suis à toi. »

(Mystique)

La nuit étendit son aile
— Fleurez, fleurez l'albe immortelle —
   — Le ciel est sombre —
Aux amours évanouis.
Triste je songeais, quand je vis
   La mort dans l'ombre...
Elle dit : « veux-tu m'aimer
« Toi qui n'a plus rien à donner ?

« — Oui, mais qu'aurai-je ?
— « Le ciel et son clair azur
« Et l'amour éternel et pur
« Comme la neige. »
J'accepte la mort, prends moi,
Emporte moi, je suis à toi.

Quand Duchenet a fini, toutes les mains se tournent vers lui et l'on entend :

Bravo — charmant — délicat — distingué — C'est un véritable poète, ma chère.

BOUZY

Au tour de notre bon camarade Dubec, dans ses morsures rimées.

DUBEC

Si Félix m'avait donné
La main de Lucie
Et qu'il m'eût fallu quitter
L'amour de ma mie,
J'aurais dit au Président :
Reprenez donc votre enfant
J'aime mieux ma mie o gué
J'aime mieux ma mie

(Personne ne bouge, puis).

LE CHOEUR

Comment ? C'est tout ? Oh c'est trop court ! — Charmant tout d'même — Quel esprit — Comme en peu de vers il dit des choses spirituelles — Ah ! l'esprit français n'est pas mort.

SCÈNE XII

LES MÊMES, PLUS NICOLAS

NICOLAS (*entrant légèrement interloqué*).

Messieurs...

LE CHŒUR

Oh la la regardez-moi donc c'te tête
Pigez la binette
Si pâle et défaite
Oh la la regardez-moi donc c'te tête
Pigez la binette
Du nouveau client

(Nicolas ne sait trop quelle contenance avoir, cependant il ne paraît pas trop emprunté dans sa redingote bien coupée et Céleste ne laisse pas d'être un peu surprise de cette transformation).

BOUZY (*présentant Nicolas*)

Mon neveu : Guy de la Planchette ; un Champenois.

NICOLAS

Mon oncle, belle cousine. .

Bouzy (*bas à Nicolas*)

Tu as une chanson ?

Nicolas (*bas*)

Oui.

Bouzy

Honneur au noble étranger, gloire à la sainte province conservatrice des bonnes mœurs et des potins, de la famille et des cancans ! Pour le plus grand esbaudissement de tout un chacun, mon neveu Nicolas relève le gant de la chanson...

Dubec

Ah ! très pur le gant de la chanson ! très chic.

Bouzy (*continuant*)

Et va nous charmer sans doute par une de ces magnifiques productions dorées au soleil de Champagne.

Nicolas (*inquiet*)

Messieurs je vous demande ..

Barbflask

La parole ? Hélas jeune homme, Dubec l'a usée tout à à l'heure.

NICOLAS

Non, je vous prie...

LE CHŒUR (*sur l'air des lampions*)

La chanson, la chanson.

NICOLAS

Cependant. .

LE CHŒUR

La chanson, la chanson.

NICOLAS

Laissez-moi vous dire...

LE CHŒUR

La chanson, la chanson.

NICOLAS (*cédant*)

Enfin... (*il s'avance*).

LA LÉGENDE DU POMPIER DE LA LUNE

Je viens vous raconter
Pour vous faire trembler,
La terrible infortune
Du pompier de la lune.

Un jour qu'à l'horizon vermeil
Venait de s'enfuir le soleil,
     Voici qu'en incendie
     Eclate et s'irradie,
Un braisillant globe de feu.
Mais, pour le pompier c'est un jeu
     Que d'éteindre la flamme ;
Aussi part-il sa lance en main
Et s'élance sur le chemin
     Ou l'horizon s'enflamme
(Riant) Ah ! Ah ! Ah ! Ah ! Ah ! Ah ! Ah !

(Refrain) Oui cela vous fait frissonner
Prenez garde à vous enrhumer
     En écoutant, en écoutant *(bis)*
     La terrible infortune
     Du pompier, du pompier *(bis)*
     Du pompier de la lune.

Aussi part-il sa lance en main
 Et s'élance sur le chemin
     Où le bel incendie.
     Eclate et s'irradie
Il court, il vole, et dans la nuit
Il poursuit le feu qui s'enfuit ;
Tant qu'au bout de sa course,
Il voit, formant le brasier
Tendant sa bouche en un baiser,
     Une grand' tête rousse
Oûh ! Oûh ! Oûh ! Oûh ! Oûh ! Oûh !

(Au refrain)

Il voit formant le brasier
Tendant sa bouche en un baiser,
          Une grand' tête rousse ;
          Le pompier eût la frousse.
Mais attiré par le regard
De la tête aux grands yeux hagards, —
          Oh ! le regard farouche ! —
Il s'approche et tant s'approcha
Que la tête lui déposa,
          Un baiser sur la bouche
          Ah ! Ah ! Ah ! Ah ! Ah ! Ah !

(Au refrain)

Il s'approcha et tant s'approcha
Que la tête lui déposa
          Un baiser sur la bouche
          Oh ! le baiser farouche.
« Oh la ho ! qui me brûle ainsi ?
« J'ai bu du feu, je suis roussi
          « Et mon pauvre cœur grille.
« Lune perverse dont les yeux,
« Ont attiré emmi tes feux
          « Un père de famille.
(Se débattant)   Ah ! Ah ! Ah ! Ah ! Ah ! Ah !

(Au refrain)

« Lune perverse dont les yeux
« Ont attiré emmi tes feux,
          « Un père de famille
          « Dont le pauvre cœur grille.

« Lâche-moi donc !... » Mais à travers
Les blancs nuages et les airs
   La lune rousse enlève
Le pauvre pompier imprudent
Qui voulut éteindre vraiment
   La lune qui se lève

. . . .

Si vous n'avez pas frissonné
C'est qu'alors j'aurai mal chanté.
La terrible terrible
Terrible terrible
La terrible infortune
Du pompier du pompier (*bis*)
Du pompier de la lune.

LE CHOEUR

Ah très bien — idéal — ce garçon là est une valeur —
à l'eau — c'est grotesque — pas mal — ohé la province
— et quelle voix ! —

BOUZY (*à Nicolas*)

Très bien, mon neveu, ah c'est parfait. Ta chanson est
complètement idiote mais l'idée en est excellente et l'idée
c'est tout. Du reste elle est de moi. Si après cela Céleste
n'est point emballée.... mais les femmes, sait-on ce qui
guide les femmes. J'ai bon espoir, cependant, car elle t'a
applaudi.

NICOLAS

Vraiment ?

BOUZY

Ce qui a même fait faire un nez à Duchenet !

CÉLESTE (*s'avançant*).

Mon père, mon choix est dejà fait.

BOUZY (*poussant Nicolas du coude*).

Tu vois.

CÉLESTE

Il est donc inutile de prolonger le concours et je remercie tous les amis qui ont bien voulu m'honorer de leurs
espérances (*murmures approbateurs*). Après l'amusante
chanson de mon cousin, je n'hésite plus.

BOUZY (*même jeu que plus haut*).

Ça va.

CÉLESTE

Je proclame vainqueur (*elle pivote vivement pour faire
face à Duchenet*) notre grand poète Duchenet.

LE CHOEUR

Veinard. Hurrah, vive Duchenet. Vive notre muse.

DUCHENET

Ah Céleste ! (*au chœur*). Merci mes amis.

BOUZY, JEAN, NICOLAS, *réunis en trio*.

BOUZY

Flambés, nous sommes flambés.

JEAN

Roulés, nous sommes roulés.

NICOLAS

Rasés, nous sommes rasés.

BOUZY

Flambés.

JEAN

Rasés.

NICOLAS

Roulés.

ENSEMBLE

Zut !

7

CÉLESTE (*entraînant Duchenet à gauche*).

Par ici nous pourrons causer.

DUCHENET

Mon âme !

BOUZY

Messieurs, je me suis réservé jusqu'au lendemain pour ratifier le choix de ma fille. La nuit est bonne conseillère, et quand l'aurore aux doigts rosés entrouvrira les portes diaprées de l'horizon, je me déciderai ; (*à part*) moi, je ressemble à la monnaie russe, je suis roublard, j'ai mon idée (*haut*). D'ores et déjà je vous invite tous aux fiançailles.

LE CHŒUR

Ah très bien, merci, vive Bouzy.

CÉLESTE (*bas à Duchenet*).

Non, ce n'est pas bien.

DUCHENET (*bas à Céleste*).

Mais puisque je suis votre futur.

CÉLESTE (*même jeu*).

Ce n'est pas une raison.

DUCHENET

(*Implorant*), m'amie.

CÉLESTE

Vous y tenez ?

DUCHENET

Oui mon cœur, j'attache à ce rendez-vous quelque chose d'idéal, je voudrais vous parler dans la solitude, vous exprimer dans un soufle berceur les douces pensées qui me font vibrer ; mais ces cris, ce tapage martyrisent mes nerfs, c'est pourquoi je vous prie en tout bien toute grâce, de m'accorder ce rendez-vous (*à part*). Comme cela Bouzy pourra réfléchir ou non, impossible de me dégommer.

CÉLESTE (*même jeu*).

Eh bien, dans une heure.

DUCHENET (*même jeu*).

Où ?

CÉLESTE

Mais ici (*ils reviennent au milieu de la scène*).

JEAN (*bas à Nicolas*).

Je viens d'apprendre une nouvelle intéressante.

NICOLAS (*même jeu*).

Laquelle ?

JEAN (*même jeu*).

Votre cousine vient de donner rendez-vous à Duchenet ici, dans une heure.

NICOLAS

Ah ! c'est fâcheux, j'avais cependant une idée excellente pour empêcher ce mariage.

JEAN

Oh ! maintenant, c'est un peu tard.

NICOLAS (*rayonnant*).

Mais non ; brusquons les choses et tout ira.

JEAN

Brusquons.

NICOLAS (*l'entraînant vers la porte d'entrée*).

Voici mon plan. Quand tu entendras frapper trois coups, tu fermeras le...... (*ils disparaissent*).

BOUZY

Messieurs la fête est terminée, et sur ce, bonsoir à tous.

LE CHOEUR

Bonsoir, bonsoir.

> Au repas d'fiançailles
> Nous sommes invités
> Amis à ces ripailles
> Gardons nous de manquer.
> Avant que l'on s'en aille
> Disons tous merci,
> Allons que chacun braille :
> Merci Monsieur Bouzy.

L'orchestre continue la ritournelle ce pendant que s'écoulent les personnages.

DUCHENET (*sur le seuil de la porte*)

Au revoir.

CÉLESTE

Au revoir.

SCÈNE XIII

BOUZY, CÉLESTE

BOUZY

Ma fille ! Ma petite Céleste *(se tenant les reins)* crédié j'ai
dù attrapper froid. Après la grave décision que tu viens
de prendre, j'aurais aimé prononcer quelques paroles bien
senties, mais, je ne sais si ce sont les changements d'air
des chansons, voici que j'ai mal aux reins; j'éprouve un
impérieux besoin de me coucher. Ah ma fifille! Tu ne sais
pas ce que ressent un père lorsqu'il s'agit de se séparer de
son enfant. Aïe, aïe, ça me pince surtout dans le côté droit
pourvu que je n'aie pas un lumbago. Bonsoir ma poulette,
(il l'embrasse) Je remets à demain les paroles d'usage et
mes paternels conseils. Je suis ému … allons, bonsoir.
*(il fait quelques pas vers la porte de gauche puis se ravi-
sant)* Ah ! tu fermeras bien la porte n'est-ce pas, je me
repose sur toi des soins usagers. Je te laisse, bonsoir.

CÉLESTE

Oui papa, bonsoir.

BOUZY (*s'en allant*)

Bonne nuit.

(*Fredonnant*) Au repas d'fiançailles
Nous sommes......

(*exit*)

SCÈNE XIV

CÉLESTE (*seule*)

CÉLESTE

Bonne nuit ! Ah certes elle sera douce cette première nuit de la fiancée. Mon Alphonse !... Cependant j'ai un remords ; j'en ai même deux. Le premier : l'Ange. (*rêveuse*) J'ai trompé mon père et j'ai offensé Dieu dans mon mensonge... L'Ange Simerel. S'il allait venir pour de bon. .. J'ai peur... (*riant nerveusement*) C'est parce que je suis énervée. Les anges ont depuis longtemps désappris le chemin de la terre... Mon second remords est d'avoir accordé ce rendez-vous à Alphonse. Cependant c'est mon futur, quasi mon mari... Et cette nuit me semble si parfaitement idoine aux paroles d'amour si propice aux murmures des sentiments et j'aime tant à l'écouter... Puis comme il me l'a dit, c'est en tout bien tout honneur que je lui ai permis de venir, simplement pour me causer... de loin... Voyons la porte est-elle bien ouverte ? (*elle s'en assure peureusement*) (*songeuse*) Pourquoi donc m'a-t-il parlé de ma dot tout à l'heure ? Ses paroles d'intérêt semblaient sonner faux dans le concert de notre bonheur. (*un léger bruit*) on vient... Non c'est le vent... Je tremble à présent... (*se roidissant*) Ah mais, qu'est-cela, de la peur ? Allons donc !... Cependant, s'il pouvait ne pas venir !... Oui, je préférerais qu'il ne vienne pas... Mais au fait, je puis fermer la porte comme cela !... Oh ! mon Dieu !

(*Le gaz s'est éteint, la fenêtre s'est ouverte et, dans le cadre noir de la nuit, se découpe la blanche silhouette d'un ange*).

SCÈNE XV

CÉLESTE, L'ANGE

L'ANGE (*descend lentement de la fenêtre s'avance au devant de Céleste morte de frayeur, puis, avec le hoquet comiquement tragique*) :

Tremble, fille perverse, et t'abîme en un gel
D'effroi ; car devant toi c'est l'Ange Simerel
Qui se dresse vengeur de ta fumisterie.
Ah ! tu bernais ton père en sainte raillerie !
Ah ! tu feignais me voir et semblais me parler !
Tremble donc ; car je suis le messie appelé.
Tremble donc, car je suis l'archange qui flamboie,

Tremble donc, car je suis celui que Dieu envoie.
Tremble encor, car je suis l'envoyé du Seigneur,
Qui descend ici bas te dire son horreur
Pour l'orde sacrilège où ton âme se joue

(A part) Ça prend, voici le sang qui jà quitte sa joue,
(Haut) Ah ! tu voulais sans doute évincer Nicolas,
Cet excellent garçon dont tu ne voulais pas ;
Et, trouvant en ce truc, de quoi vaincre ton père,
Tu te voyais déjà possédant ta chimère,
Tu te voyais au bras de l'amoureux transi,
Alphonse Duchenet, ton unique souci !
Ecoute à ce propos, ma voix prophéteresse.

(A part) Ça mord, et la voilà qui chancelle et s'affaisse.
(Haut) Je lis en l'avenir, et j'y vois aussi bien
Qu'en le présent (à part) pour vrai, je ne vois rien de rien
(Haut) Oui l'Avenir est sombre et ma voix redoutable
Te le dévoilera. (à part) Sapristi quelle fable
Pourrai-je raconter. (haut) Tremble donc ! Tremble donc.

(A part) Ça, ça fait de l'effet mais c'est pas assez long...
(Haut) Le Seigneur par ma voix décrète que ta peine
Sera telle : primo, je vois naître la haine
De votre faux amour ; car, Duchenet trompeur,
Aime mieux ton argent que l'élan de ton cœur.
Aussi ne pourrez-vous bientôt vous mettre à table,
Sans qu'aussitôt surgisse un spectre redoutable,
Celui de la dispute. Et ce ne sera plus
Entre vous deux que pleurs et regrets superflus.
Votre foyer boiteux se couvrira de cendre
Et... euh... euh... (cherchant) oui voilà (à part) va donc te
faire pendre]

Tire toi si tu peux de ton beau pronostic,
Ça t'apprendra mon cher à faire le loustic.

Mais cependant il faut.... (haut) Ah ! Tremble, tremble,
tremble,]

Dans le sombre avenir j'aperçois il me semble,
Un fantôme sanglant !

CÉLESTE

Grâce !

L'ANGE

Pas de pitié !

Ecoute jusqu'au bout, j'en suis à la moitié.
Le reste est plus terrible encor. Toute ta vie
Sera....

CÉLESTE

Mon Dieu je meurs.

L'ANGE — NICOLAS

Elle est évanouie.

(Reprenant sa voix naturelle) Ça par exemple c'est embêtant ! J'ai été un peu loin. Le résultat dépasse mes espérances *(tâtant le pouls de Céleste)* Le pouls bat..... Après tout, cela me facilite la sortie... Ce n'est qu'une syncope sans gravité, pas autrement dangereuse... Je ne puis pourtant la réveiller, car la surprise que lui causerait la vue d'un ange penché sur elle et lui tapotant dans les mains pourrait bien... *(il rit)* L'Ange Simerel ! Non, mais

suis-je assez réussi ! (*il s'imite*) Tremble ... Tremble ...
Je me faisais peur à moi-même (*continuant à s'imiter*)
Tremble... (*à part*) Ça y est cela comme intonation.
(*reprenant*) Je suis l'archange qui flamboie... (*revenant
à Céleste*) qui flamboie, c'est possible, mais qui pour l'instant n'est pas flambard. Que vais-je faire de ma victime ?
(*la contemplant*) C'est qu'elle est belle ainsi. Gentille, oh
gentille tout plein, c'est dommage de n'y voir pas plus
clair. Il me faut cependant la rappeler à elle, je ne puis la
laisser ainsi. (*il lui prend les mains et les tapote*) Du satin,
du vrai satin ! (*se ravisant*) Décidément je ne la réveille
pas, elle pourrait crier, faire de l'esclandre et me faire
passer pour un cambrioleur, il vaut mieux que je me
retire... Je vais l'installer comme ceci, bien doucement,
là... Et maintenant, filons. (*il lui envoie un baiser*) Au
revoir ma cousine. (*il s'éloigne d'elle à reculons*) Au
revoir... 99 moutons et un champenois ça fait....

SCÈNE XVI

L'ANGE, CÉLESTE (*évanouie*), DUCHENET.

(*La porte s'est doucement ouverte et Duchenet se glisse
à tâtons et marche telle une écrevisse*).

DUCHENET

Céleste, Céleste.

NICOLAS (*qui recule toujours rencontre Duchenet et fait
un saut de surprise*)

Eh ! Qu'est-ce que celui-là ?

DUCHENET (*apercevant la robe blanche de l'ange*)

Céleste c'est toi ?

NICOLAS (*à part et fuyant*)

Oh oh ! Duchenet, je suis pincé.

DUCHENET (*avançant très-lentement*)

Tu vois j'arrive exact au rendez-vous.

NICOLAS (*à part*)

Volaille.

DUCHENET

Répondez-moi, ma Céleste adorée.

NICOLAS (*à part*)

Il me prend pour ma cousine, c'est tordant. Payons de
toupet. *(se tournant vers Duchenet)* Alphonse, c'est vous
mon ami.

DUCHENET (*bas*)

Oui.

NICOLAS (*la voix blanche*)

Oh !

DUCHENET (*bas*)

Le père Bouzy dort.

NICOLAS (*même jeu*)

Oui.

DUCHENET

Alors, rien à craindre ; pourquoi vous éloignez-vous de moi, ma mie aimée, laissez-moi vous presser sur mon cœur. *(Il se rapproche en tâtonnant).*

Céleste ! Entends-moi donc : Je suis l'amour vainqueur
Qui, vers toi, triomphant s'avance.

NICOLAS (*à part*)

Il n'a pas peur.

DUCHENET

En cette obscurité, qui du monde m'isole
Ecoute moi, je suis l'amour.

NICOLAS (*à part*)

                    Sur ma parole
On ne le dirait pas.

DUCHENET

Je suis l'amour !

NICOLAS (*à part*)

                    C'est dit.

DUCHENET

Vois la nuit embaumée !

NICOLAS (*à part, mais lyrique*)

                    Elle sent la choucroute
La bière et le tabac.

DUCHENET

Cypris nous fait un lit

NICOLAS (*à part*)

Quelle idée !

DUCHENET

Un lit ouaté d'ombre...

NICOLAS *(Haut)*

... *J'écoute.*

DUCHENET

Où tout s'assoupira, hormis mon fol amour.
Cependant que les bruits s'apaisent à l'entour,
Viens, Céleste adorée, en ce profond mystère,
Je veux t'aimer en chantant...

NICOLAS *(à part)*

Pas facile à faire.

DUCHENET

En chantant l'hymne...

NICOLAS *(à part)*

Russe...

DUCHENET

... Enivrant et pervers
D'Eros à l'arc brillant et sûr.

NICOLAS *(à part)*

Il parle en vers,
Il faut lui pardonner.

DUCHENET

O troublante sirène
Aux accents de ta voix mon cœur fond.

NICOLAS *(à part)*

Quelle veine !

DUCHENET

Donnez-moi votre main… Satin ! du vrai satin

(Il prend la main de Nicolas)

O capiteux parfum, subtile griserie
Fleur du rêve troublant qui remplit mon destin…
Mais, vous semblez me fuir.

NICOLAS *(à part)*

Je te crois.

DUCHENET (*tendre*)

Mon amie,
De mes doigts fiévreux, ah ! laisse-moi lisser
La nuit de tes cheveux. (Il se rapproche de Nicolas).

NICOLAS

Pas si près, je vous prie.

DUCHENET (*lyrique*)

Dans mes bras amoureux, dis, laisse-moi presser
Ton corps frêle si souple...

NICOLAS (*le repoussant*)

Arrêtez ou je crie.

DUCHENET (*surpris et vexé*)

Pourquoi cette froideur ! Ah ! l'autre jour pourtant
Céleste ! Souviens-toi.

NICOLAS (*à part*)

Hum ! C'est inquiétant.
Qu'ont-ils fait ?

DUCHENET (*très tendre*)

Ce baiser !

NICOLAS (*à part*)

Je le craignais.

DUCHENET

Au temple
De Cypris viens nous-en.

NICOLAS (*à part*)

> Ah ça ! Non par exemple.

J'ai les pieds nickelés.

DUCHENET

> Eh quoi me refuser
> Céleste, mon amour, l'aumône d'un baiser
> A mes accents émus tu parais insensible
> Que t'ai je fait ? Hélas !

NICOLAS (*à part*)

> Mon Dieu qu'il est risible.

DUCHENET

Réponds-moi.

NICOLAS (*haut*)

Las ! J'ai peur.

DUCHENET

> Peur de quoi ?

NICOLAS

> Je ne sais

Le silence, la nuit, tout me trouble ; je hais
L'obscurité (à part) voilà que je parle en poëte.

DUCHENET

*Mais la nuit c'est Cypris, c'est Diane qui s'appr
A baiser Endymion endormi.*

NICOLAS (*à part*)

*Quel fourneau
Ah ! sa mythologie est d'un joli tonneau !*

DUCHENET

*Mais tu ne parles pas, réponds-moi quelque chose
Et souffre qu'un baiser sur ta lèvre se pose ;
Car le baiser, vois-tu, c'est le sceau qu'un amant
Imprime sur son bien pour sceller un serment.*

NICOLAS (*à part*)

Tiens, ce n'est pas mal dit.

DUCHENET

Un mot.

NICOLAS

Ami

DUCHENET

Encore

NICOLAS

Ami.

DUCHENET

Plus tendrement.

NICOLAS (*a part*)

Ah zut !

DUCHENET

Voici l'aurore
De notre amour, souffrez que tous deux confondus
Dans une folle étreinte... Ah ! Vous ne m'aimez plus

NICOLAS *s'esquive*

Oui, je le vois à votre embarras que vous ne m'aimez
plus, et je soupçonne fort que votre idiot de cousin...

NICOLAS (*à part*)

Merci.

DUCHENET

Vous a emballée avec sa chanson.

NICOLAS

Tiens, de la prose à présent, j'aimais mieux ses vers.

DUCHENET

Ne vous défendez pas, j'ai bien vu comme vous applaudissiez à ses stupidités.

NICOLAS (*à part*)

Il me flatte ce cher Alphonse.

DUCHENET

Vous ne répondez pas, avouez que vous avez un faible pour cet échappé de basse-cour.

NICOLAS (*à part*)

Dindon va !... Oh si je pouvais... essayons.

DUCHENET

Mais dites-moi que ce n'est pas vrai, dites-moi que vous m'aimez toujours, que je suis le seul préféré, rassurez-moi.

NICOLAS (*haut*)

Pouvez-vous douter de ma foi ! c'est mal cela, moi qui voulais à l'instant même vous donner une preuve de mon affectueuse confiance.

DUCHENET

Dites ô m'amour.

NICOLAS

Mais vous allez peut-être mal juger de moi.

DUCHENET

Pouvez-vous croire.

NICOLAS

C'est que ... enfin *(désignant la porte par où est sorti Bouzy)* je voudrais vous parler là.

DUCHENET

Où cela ?

NICOLAS

Là, dans ma chambre.

DUCHENET

Dans votre chambre, ô joie ! Dans le temple de Cypris la chaste !

NICOLAS

Venez.

DUCHENET

Je vous suis ; où plutôt, donnez-moi votre main, vous guiderez mes pas incertains.

(L'orchestre joue en sourdine).

NICOLAS

Pour faire ma confidence
Venez vite mon ami

DUCHENET

Venez vite mon ami

NICOLAS

Dans ma chambrette en silence,
Tout doucement et sans bruit.

DUCHENET

Tout doucement et sans bruit.

*(Cependant que l'orchestre continue pianissimo, ils vont très-
lentement, très amoureusement vers la porte et, arrivés là :)*

NICOLAS

Passez le premier.

DUCHENET

Je n'en ferai rien ma mie.

NICOLAS

Je vous en prie, *(au moment où Duchenet passe devant
lui, il le pousse violemment dans la porte).* Je suis chez
moi *(s'enfuyant rapidement)* et maintenant à la fenêtre.

(A l'orchestre : tutti-forzé)

SCÈNE XVII

(*L'orchestre joue crescendo*)
(*On entend un vacarme épouvantable, cris, disputes*)

BOUZY

Au secours ! au secours, canaille, assassin (*il apparaît
en caleçon, bonnet de coton, tenant Duchenet au collet*)...

DUCHENET

Mais lâchez donc.

BOUZY (*tenant bon*)

Au secours, Jean, Jean !

DUCHENET

Mais puisque je vous dis que c'est moi.

BOUZY

Qui ça vous ? on ne me la fait pas celle-là, mon garçon.
Au secours ! au cambrioleur !

DUCHENET

Mais c'est moi, Alphonse Duchenet, Duchenet, entendez-vous, et fichez-moi la paix. (*A ce moment Jean entre avec un flambeau*).

BOUZY (*épaté*)

Duchenet ! c'est ma fois vrai, mais !.... ah çà qu'est-ce que vous faites ici !

DUCHENET

Je... je... je voulais voir l'indicateur.

BOUZY

Dans ma chambre ?

DUCHENET

Vous ne savez pas à quelle heure part le train de 9 h. 45 du matin sur Castelnaudary ?

BOUZY

Quest-ce que vous chantez là, seriez-vous devenu fou !

JEAN (*apercevant Céleste*)

Ah ! Mademoiselle qui est morte.

BOUZY (*il se retourne*)

Hein ?

DUCHENET

Comment !

BOUZY (*se précipitant vers sa fille*)

Ah ma fille, ma petite Céleste ! morte, oh, c'est impossible. Dis-moi que tu n'es pas morte, c'est ton père, ton petit pépé.... sa main est froide..... mais c'est ce misérable qui l'a tuée.

DUCHENET

Moi ?

BOUZY (*furieux*)

Oui vous ! oui vous... Et sans doute vous veniez dans ma chambre pour m'en faire autant.... Mais il n'y a donc plus de tonnerre au ciel pour punir ce misérable..... Moi je ressemble à Othello... ma pauvre fille !

DUCHENET

Je vous assure....

BOUZY (*tragique*)

Jean, gardez à vue cet assassin.

JEAN (*s'empare de Duchenet qui se laisse faire ahuri*)

Vous, asseyez-vous là, mon garçon et restez tranquille (*méprisant*) cambrioleur.

BOUZY

Cependant son cœur bat, elle n'est qu'évanouie sans doute. Céleste, Céleste, ma Céleste chérie.

CÉLESTE (*revenant à elle*)

Mon père... où suis-je... l'ange ?

BOUZY (*exultant*)

Elle vit ! elle vit ! (*grotesque*) sauvée mon Dieu !

JEAN (*imitant*)

Sauvée, mon Dieu !

DUCHENET (*de même,*

Sauvée, mon Dieu !

JEAN (*menaçant Duchenet*)

Vous, asseyez-vous là, mon garçon, et restez tranquille, cambrioleur.

(Duchenet se rassied en maugréant

BOUZY (*à Céleste*)

Tu vas mieux ? Donne moi ta main, ta menotte, là donc,
oh ma chère fillette... faites risette à son pépère (*elle rit*),
ah la voilà.

CÉLESTE

Et l'ange !

BOUZY, DUCHENET, JEAN

L'ange ?

JEAN (*Duchenet s'est levé*)

Vous, asseyez-vous là mon garçon, et restez tranquille.
Cambrioleur.

CÉLESTE

Mais... l'ange Simerel qui était là tout à l'heure.

BOUZY

Elle délire...

CÉLESTE

Non, non, il était là, et cette fois pour de bon.

BOUZY, JEAN, DUCHENET

Pour de bon ?

CÉLESTE

O ii, oui.

BOUZY

Mais alors, avant c'était... c'était pour rire... (*écla-tant*)... C'était de la blague... (*il se tord*)... c'était de la blague... (*solennel*) Je m'en étais toujours douté... moi je ressemble à Lecoq, j'ai un flair de policier ! Maintenant je comprends tout !

DUCHENET

Et moi je ne comprends rien ; je voudrais bien cependant.

JEAN

Vous, asseyez-vous là mon garçon et restez tranquille. Cambrioleur.

DUCHENET

C'est à devenir fou ! tout à l'heure elle avait une robe blanche.

BOUZY

C'est donc l'ange qui t'a effrayée au point de te faire évanouir.

CÉLESTE

Oui.

BOUZY (*désignant Duchenet*)

Alors, ce n'est pas lui !... ah çà, puisque vous n'avez pas tué ma fille ! qu'est-ce que vous veniez faire chez moi. Je ne comprends plus.

DUCHENET

Et moi non plus.

BOUZY

Ah mais, tâchez d'être sérieux. Qu'êtes-vous venu faire, ici d'abord, et dans ma chambre ensuite ; enfin pourquoi êtes vous venu ?

DUCHENET (*se levant*)

Mon cher Monsieur Bouzy, avec la meilleure volonté du monde...

JEAN

Vous asseyez-vous là mon garçon et restez tranquille, Cambrioleur.

BOUZY

Laisse-le s'expliquer.

DUCHENET

Voici, je suis un peu somnambule..... et... .

BOUZY

Et.....?

DUCHENET

Il m'arrive parfois......

BOUZY (*goguenard*)

De consulter l'indicateur.

DUCHENET

Non...... Je suis ici parce que..... parce que (*Céleste fait des gestes désespérés*). Ma foi tant pis, je suis ici parce que votre fille m'a donné rendez-vous.

CÉLESTE

Ah ?

BOUZY

Ma fille ? Se peut-il.

CÉLESTE (*à Duchenet*)

Lâche.

BOUZY

Est-ce vrai ?

CÉLESTE

Oui mon père. C'est vrai. J'avais donné rendez-vous à Monsieur, *(appuyant)* à mon futur. Je le considérais comme mon fiancé et à un fiancé ....

BOUZY

A un fiancé, à un fiancé, hum ! hum !.... Tu as eu tort.

CÉLESTE *(vivement)*

Oui, j'ai eu tort, je le reconnais, mais je reconnais aussi que Monsieur est un lâche, un lâche, un lâche *(très vite)* ; oh mais, maintenant, c'est fini. Je ne l'épouserai pas..... D'abord, l'ange, le vrai, l'a défendu ; ensuite parce que je ne veux pas accorder ma main à un homme qui, pour se disculper, pour expliquer sa présence là où il ne devrait pas être, ne trouve rien de mieux dans sa vaste intelligence que l'aveu piteux et confus d'un rendez-vous accordé.... Et bête que j'étais, j'allais unir ma destinée à un être qui ne craint pas de déshonorer une jeune fille pour s'éviter le désagrément de coucher au violon. J'y aurais couché, moi, au violon, oui, oui, j'y aurais couché, et je me serais même laissé condamner à l'application de la loi Bérenger plutôt que d'avouer. Oh mais, oh mais, c'est bien fini et maintenant, j'épouse mon cousin ; oui je l'épouse pour vous faire enrager, puis, aussi, parce qu'il est plus beau,

plus intelligent et moins lâche que vous ; oui je l'épouse,
à votre nez, à votre barbe, et vous enragerez et ce sera
bien fait, là.

SCÈNE XVIII

LES MÊMES.... NICOLAS.

NICOLAS (*entrant*)

Pardon ! Qu'y a-t-il ?

BOUZY

Comment toi ? ah çà, ah çà qu'est-ce que tu fais ici à
cette heure.

NICOLAS

Mais..... je passais.

BOUZY

Pour lire le Bottin, sans doute.

NICOLAS

Mais non pas pour lire le Bottin. Je repassais après une
petite promenade, quand entendant, du bruit je suis entré.
C'est simple.

BOUZY, CÉLESTE

C'est très simple, en effet.

NICOLAS (*feignant d'apercevoir seulement Duchenet*)

Tiens, Monsieur Duchenet..... Comment va.... mais à cette heure, je ne m'attendais pas au plaisir de vous rencontrer.....

DUCHENET

Moi aussi..... je passais.

BOUZY (*expliquant*)

Monsieur voulait consulter l'indicateur.

NICOLAS (*les reluquant*)

L'indicateur ?. Vous avez l'air si drôle tous. Enfin qu'y a-t-il ?

CÉLESTE (*décidée*)

Ce qu'il y a ? Il y a que je t'épouse.

NICOLAS, DUCHENET, JEAN, BOUZY (*ensemble*)

Hein ? oh ! ah ! oh !

CÉLESTE

Oui mon cousin, je vous épouse.

DUCHENET (*l'interrompant*)

Pardon, pardon, à la fin, je proteste, vous m'avez accordé votre main et.....

CÉLESTE

Je la retire.

BOUZY

Bien ma fille.

NICOLAS

Oh ! ma cousine.

DUCHENET

Mais non, cela ne se passera pas ainsi, je ferai du scandale !

JEAN

Vous asseyez-vous là mon garçon et restez tranquille, cambrioleur.

BOUZY

Alors, c'est bien vrai, ma chère enfant ?

NICOLAS

Ah ! ma cousine, quelle joie, vous m'épargnerez les grands mots, le véritable bonheur ignore les phrases à effet.

CÉLESTE (*à part*)

Mais il me plaît. (*lui sautant au cou*) Je t'adore.

> Mon p'tit Champenois
> Veux-tu que je te dise
> Depuis que j'te vois
> J'veux faire des bêtises,
> Et mon petit cœur
> Près du tien se grise
> C'est comme d'la chaleur ⎱ bis
> Qui m'viendrait du cœur ⎰

> Si t'étais gentil
> Pour ta petite cousine
> T'irait, mon chéri,
> Chez notre voisine,
> Sans trop marchander,
> Sans faire la mine,
> T'irait m'acheter ⎱ bis
> Ma fleur d'oranger ⎰

NICOLAS

Entendu ! Mais à deux conditions.

CÉLESTE

Lesquelles.

NICOLAS

C'est que l'ange ne reviendra plus.

Bouzy

Quant à çà oui.

Céleste

Je vous le promets.

Nicolas

Et que 99 moutons et un champenois feront......

Céleste

Mon bonheur.

Choeur

Si vous vous êtes amusés
Messieurs, Mesdames, applaudissez
Un bravo je vous en prie
Cela nous fait envie
Si vous vous êtes amusés
Messieurs, Mesdames, applaudissez
Le bravo enchanteur
Encourag' l'acteur et l'auteur.

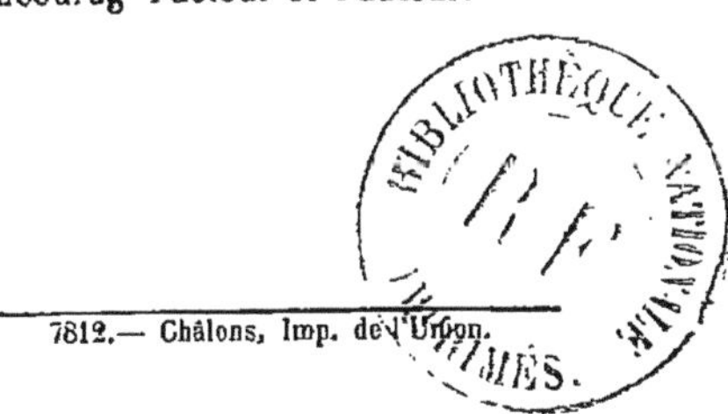

www.ingramcontent.com/pod-product-compliance
Ingram Content Group UK Ltd.
Pitfield, Milton Keynes, MK11 3LW, UK
UKHW020211130726
13696UKWH00002B/850